中冶精神

一天也不耽误　一天也不懈怠

湛江钢铁基地

中冶发展愿景

聚焦中冶主业　建设美好中冶

台塑越南河静钢铁基地

中冶战略

做冶金建设国家队 基本建设主力军 新兴产业领跑者
长期坚持走高技术高质量发展之路

珠海十字门中央商务区

中冶人座右铭

中冶人用心铸造世界

巴布亚新几内亚瑞木镍钴 321 万吨 / 年冶炼厂

中冶人使命

要站在国际水平的高端和整个冶金行业的高度，
以独占鳌头的核心技术、无可替代的冶金全产业链整合优势、
持续不断的革新创新能力，
承担起引领中国冶金向更高水平发展的国家责任。

马来西亚马中关丹产业园 350 万吨钢铁项目

弘扬“五种作风”，提升“五种能力”

五种作风

公道正派作风　科学民主作风　求真务实作风

艰苦奋斗作风　放胆争先作风

五种能力

抓班子带队伍能力　真学真懂真干能力　勇于负责担当能力

团结融合能力　自省自律自强能力

北京凤凰国际传媒中心

中冶党建经验

一个核心，五个引领

围绕党的领导这一核心，

实施政治作风引领、发展战略引领、破解改革难题引领、

制度创新引领与企业文化引领的管理体系。

上海迪士尼全球首发“明日世界”

美好中冶

青年人理想向往的高地，

中年人创业发展的平台，老年人休养生息的港湾

中冶大厦

中冶
品牌故事

中国冶金科工股份有限公司◎编

中国经济出版社
CHINA ECONOMIC PUBLISHING HOUSE
北京

图书在版编目（CIP）数据

中冶品牌故事/中国冶金科工股份有限公司编．
—北京：中国经济出版社，2018.11
ISBN 978－7－5136－5256－8
Ⅰ.①中… Ⅱ.①中… Ⅲ.①冶金工业—工业企业—企业文化—中国 Ⅳ.①F426.3
中国版本图书馆 CIP 数据核字（2018）第 140956 号

选题策划　汪京　王昊　施瑶　刘金龙
责任编辑　闫丽　陈利军
责任印制　马小宾
封面设计　华子图文

出版发行　中国经济出版社
印 刷 者　北京艾普海德印刷有限公司
经 销 者　各地新华书店
开　　本　710mm×1000mm　1/16
印　　张　26　**彩页印张**　0.5
字　　数　372 千字
版　　次　2018 年 11 月第 1 版
印　　次　2018 年 11 月第 1 次
定　　价　68.00 元
广告经营许可证　京西工商广字第 8179 号

中国经济出版社 **网址** www.economyph.com **社址** 北京市西城区百万庄北街 3 号 **邮编** 100037
本版图书如存在印装质量问题，请与本社发行中心联系调换（联系电话：010－68330607）

《中冶品牌故事》编委会

编 委 会 主 任：国文清
编委会副主任：张兆祥　张孟星
　　　　　　　王石磊　闫爱中
主　　　　编：齐冬平

代序
preface

走进新时代，续写中冶“最重要的改革故事”

巨　龙

光阴之箭穿越年轮，抵达2018。新时代的朝阳已跃升在地平线上，照亮中冶人砥砺奋进的前行之路。

飞逝的光阴里，历史已写下浓墨重彩的一页。5年多来，中国进行着全世界“最有勇气的制度实验、发展实践”，以“令人难以置信”的成功，写下了中国共产党人的责任担当。犹记2012年，许多人的预期并不乐观。“艰难时刻”，所有人都在观望，正如习近平总书记的豪迈宣示：“惟其艰难，才更显勇毅；惟其笃行，才弥足珍贵。”5年奋进，在世界经济持续低迷中，中国经济一枝独秀，以超过30%的平均增长贡献率，成为世界经济引擎。5年多来，中冶集团在被风险击垮与困难拖垮的双重灾难里，书写中国国企改革史上“最重要的故事”。这5年，中冶人有自己最生动的视角，先是湛江钢铁，后是越南河静钢铁，标志中华民族冶金建设迎来了从站起来、富起来到强起来的伟大飞跃，迎来了实现中国钢铁建设引领世界的光明前景。

从历史的山巅回望，若干年后，将会更清晰地看到，我们创造历史的那些成就，书写时代的那些诗篇，属于2012年9月5日以来的5年。

5 年砥砺，被“唤醒”了的中冶，解决了许多长期想解决而没有解决的难题，办成了许多过去想办而没有办成的大事，随着国家一起进入中国特色社会主义新时代。

2017 年是我国发展具有里程碑意义的一年。党的十九大胜利召开，在习近平新时代中国特色社会主义思想正确指引下，中国发展航船乘风破浪。在集团党委的正确领导下，中冶人以打造中冶领导力品牌建设为本，搭建重铸“国家实力”，讲出中国国企史上“最重要的故事”主题宣传平台，上下齐心，内外同步，全面弘扬“一个核心，五个引领”鲜活的中冶党建经验，全面展示“9·5”会议开启的中冶跨越式发展和变革之路带来的“中冶巨变”，全面呈现“红色基因”“蓝色畅想”“金色愿望”凝成的强大的中冶力量。“做冶金建设国家队、基本建设主力军、新兴产业领跑者，长期坚持走高技术高质量发展之路”战略强势引领，上下干劲倍增，剑指世界第一冶金建设运营服务国家队，改革不断深化，实现全面转型。以“宝钢建设、运营、服务国家队建设经验”为代表越来越多的中冶路径，以“中冶横琴经验”推动国家战略出台为代表越来越多的中冶故事，以中冶重机“亚洲第一”PBC－380 铁水运输车等越来越多的中冶创造，以一年一个中国专利金奖、宁显海再夺世界技能大赛焊接金牌等越来越多的中冶传奇，这些，成为中国中冶品牌崭新内涵和闪亮注解，谱写出中冶人新时代续写中国国企改革史上“最重要故事”之“火红的第五乐章”。

2017 年发生的许多事，可以在 2012 年“9·5”会议以来 5 年里找到缘由伏笔。我们也相信在 2018 年，同样还会感受到来自 2017 年的雷霆万钧。

迈向未来，新坐标已经清晰可见。2018 年是贯彻党的十九大精神的开局之年，将迎来改革开放 40 周年，是决胜全面建成小康社会、实施“十三五”规划承上启下的关键一年。

以什么样的状态迎接新年轮？以什么样的作为开启新征程？“一天也不耽误，一天也不懈怠”依然是我们回应时代之问的最有力回答。

新时代的奋斗，是“一天也不耽误，一天也不懈怠”的征程。没有“一天也不耽误，一天也不懈怠”的忠党报国情怀，就不会有中冶5年来的“历史性变革”“历史性成就”。“一天也不耽误，一天也不懈怠”政治作风引领必须长期坚持，红心向党，忠党报国。

居之无倦，行之以忠。这是“一天也不耽误，一天也不懈怠”中冶精神的哲学源头。这个“忠”就是中冶人的忠党报国之志，正是“一个核心，五个引领”中冶党建经验“五个引领”的内核。我们始终坚持党的领导不动摇，实施政治作风引领、战略引领、破解改革难题引领、制度创新引领和国企文化引领，这是凝聚中冶力量的源泉。“一天也不耽误，一天也不懈怠”政治作风引领始终是第一位的，深深根植于每个中冶人的血液之中，不可忘怀，不能忘怀，更不敢忘怀。中冶力量源自中冶人强大的“红色基因”，中冶根红苗正，健康茁壮成长。而这也正是几代中冶人红心向党的“红色基因”传承。正是依靠和发扬中冶党建经验，我们走过了“雪山”，搬走了“三座大山”，走出了中冶跨越式发展和变革之路；还要继续依靠和发扬中冶党建经验走向高质量发展之路。

新时代的奋斗，是“再拔尖、再拔高、再创业”的征程。著名国企改革专家、中企之声研究院院长李锦认为，2018年是高质量发展的第一年，也是国企的变革年。许多新的变化将会发生。这种整体上的变革，是面向新阶段的转折。供给侧改革找到了办法，解决的是“干什么”的问题。高质量发展解决的是“怎么干”的问题，也就是“干得怎么样”的问题、高标准发展的问题。“再拔尖、再拔高、再创业”就是中冶高质量的硬要求。2013年10月18日，集团提出“中冶人使命”，即要站在国际水平的高端和整个冶金行业的高度，始终以独占鳌头的核心技术、无可替代的冶金全产业链整合优势、持续不断的革新创新能力，承担起引领中国冶金向更高水平发展的国家责任。中冶人要始终牢记在心头，落实到行动中，反映在成果上。在新中国五矿集团“三步走、两翻番”目标指引下，中冶集团聚焦高质量，聚力新发展——打造世界第一冶金建设运营服务国家队，2020年占有世界钢铁建设总量80%。而“再拔尖、再拔高、再创业”的出发点就是紧跟新时代提出的新要求，朝着“高质量”去的。10月30日，中国五矿集团总经理、党组副书记，中冶集团董事长、党委书记国文清强调：“冶金建设国家队二次聚焦主业，再拔尖、再拔高、再创业。”二次聚焦与2012年的第一次聚焦有所不同，不是仅仅聚焦在冶金设计建设上，而是以绿色化、智能化和服务化为特征的全球钢铁产业结构转型升级需求为导向，聚焦到绿色建设、节能环保、工艺提升、技术创新上，聚焦到提高全中国钢铁产业发展质量上，聚焦到为钢铁企业提供优质的运营服务上，实现由单纯的设计建设向技术、产品、管理和服务一体化的深度延伸。中冶力量源自中冶人强烈的“蓝色畅想”，笑傲寰宇，技术独占鳌头。中冶各企业要紧跟集团新要求，扎实围绕增强企业创新力，在研发、服务及商业模式等方面提高竞争力；加快产业拓展，形成建设实体经济、科技创新、现代金融、人力资源协同发展的产业体系；提升领导力，坚持“价值思维、效益导向”的核心理念，围绕核心主业，打造世界一流的核心技术，世界一流的专业化品牌，世界一流的城市和产业发展系统解决方案提供商、工程项目全生命周期服务商，把中冶建设成为具有国际竞争力的世界一流综合性工程公司；实施精细化管理，提升项目管控力，向项目管理要效益；激发活力战斗力等方面下足功夫，真抓实干。务必做到，全面地而不是片面地清醒认识和把握新时代钢铁发展趋势，准确地而不是抱有差不多的心态，找准本企业的优势所在，坚决地而不是犹豫不决地真干、实干。瞄准世界一流，率精锐之师唯只争朝夕，奋发图强，开足马力，精准发力，定目标，强投入，做好技术攻关保障，早日突破垄断。

新时代的奋斗，是“一带一路”日益彰显中国钢铁力量的征程。作为引领中国从钢铁大国向钢铁强国迈进的“推进者”、钢铁强国梦的“守护者”、冶金装备和产能合作走出去的“主导者”，中冶集团肩负着庄严的历史使命。中冶力量源自中冶人庄重的“金色愿望”，四海相通，用心铸造世界。现在，中冶已经占据世界钢铁建设总量的63%，成为世界钢铁建设中心。中国的钢铁实力从仿照、跟随世界到引领世界“强起来”的历史过程证明，习近平新时代的判断，有深厚的实践基础，是依托中国实践做出的伟大判断，令人信服。中冶集团对国内外19家大型钢铁企业提供运营技术服务能力，在全球独占鳌头。模式创新是我们通过改革创新形成的新优势，最初来自日本新日铁的体制内技术服务模式，引入宝钢后变成体制外股份合作模式，在湛江则又发展成为以运营为主的BOO运营模式。这种以创新为动力实现钢铁冶金从低水平供需平衡向高水平供需平衡跃升，现在已成为世界冶金建设行业顶尖的服务模式。我们的做法符合十九大报告中提出的“支持传统产业优化升级，加快发展现代服务业，瞄准国际标准提高水平。促进我国产业迈向全球价值链中高端，培育若干世界级先进制造业集群”。世界需要东方的智慧，世界期待中国的方案，世界期待中国钢铁的力量。中国钢铁已经走到世界舞台中央，正在为人类做出更大贡献。

这是中国最好的时代，也是每一位中冶人迎来精彩的芳华时代。

人们往往期盼自己能躬逢一个大时代，但真当身处其中时，又是否有能力完整了解时代的面目与意义？国文清说过一句中冶人家喻户晓的话：打造国家队的目标不是中冶、不是中国，而是世界；打造国家队的眼光不是过去、不是现在，而是未来。这个未来，就是现在，就是十九大开启的新时代；这个世界，就是“一带一路”沿线国家和地区市场。

现在，站在新时代的起点，我们比任何时候都更接近这个梦想、这个目标。每个人的前途命运都与这个梦想、这个目标紧密相连。

国文清殷切寄语中冶人：“我们要把个人理想抱负、价值追求同国家前途、民族命运、企业使命紧密结合起来，一心一意为工作，甘为企业长期奋斗，愿与企业荣辱与共、共赢共享发展，以最好的精神状态、最大的工作热情、最高的工作标准，奉献自己的智慧和力量，在时代洪流中书写人生价值。”

2018，再次出发。伟大的新时代已经到来。我们要牢牢把握并弘扬“一个核心，五个引领”这一中冶力量的魂魄，披荆斩棘，勇往直前，让“红色基因”更鲜明，“蓝色畅想”更响亮，“金色愿望”更持久，中冶人完全有能力创造出无愧于新时代的新辉煌，续写出更加璀璨的中国国企改革史上“最重要的故事”。世界第一冶金建设运营服务国家队的目标一定能够达到。

“一天也不耽误，一天也不懈怠”，为了我们的新时代。

祝愿每一位中冶人在奋斗中成就更好的自己，继续相依前行！祝愿伟大祖国在我们的共同奋斗中开创更加辉煌的未来！

目录
contents

二　美誉度篇

三　忠诚度篇

四　创新性篇

五　个性化篇

六　扩展性篇

七　差异化篇

一　知名度篇

世界最美高炉

一座钢铁丰碑

未来之城的建造者

草原深处的筑路者

手记中的“闪亮名片”

“钢铁粮仓”的正确打开方式

走向世界，中国恩菲改变镍铁冶炼格局

打造“一带一路”上的“精品工程”

程寒飞：为绿水青山的中国梦贡献华天力量

……

《东方大港》 黑白木刻　沈有福

世界最美高炉

西部铁军，不负誓言；能征善战，不辱使命。

2017 年 5 月 29 日，中冶集团所属中国十九冶集团有限公司（简称中国十九冶）承建的台塑越南河静钢厂 1 号高炉成功点火，标志着越南迄今最大的投资项目、东南亚地区最大的钢铁联合企业成功投产。

台塑越南河静钢厂位于越南河静省永安经济区，是全球仅有的两个在建千万吨级绿地钢铁项目之一，由中冶集团承担工程总体规划设计、总体咨询及十余个项目设计和总承包，是目前中国在海外承建的最大钢铁建设项目。台塑高炉项目由中冶赛迪集团设计、中国十九冶承建，包括 2 座 4350 m^3 高炉全工艺系统，是越南河静钢厂“核心”。

台塑高炉项目于 2013 年 3 月 2 日破土动工，在长达 4 年的精心建设过

程中，中国十九冶员工发扬“一天也不耽误，一天也不懈怠”的中冶精神，以“削足适履适应台塑管理，前紧后稳建设台塑项目”为方向，在“珍安专、精规创、艰信扬”上苦下功夫，在“讲规矩、重细节、强过程、留痕迹”上做足文章。无论是进度、品质，还是安卫环管理始终处于河静项目各单元前列，一直是台塑企业对外联络、展示形象的窗口，先后接待了高级别的多国经济使团、新日铁、JFE、越南国家部委及领导人等参观团体20余次，良好地展示了“MCC”品牌国际形象。

台塑高炉项目大量采用国内自主研发或首创的高炉核心技术和装备，国产化率90%以上，主要技术指标达到世界最先进水平。项目彰显了中国冶金从设计、施工到生产运营服务全系统的世界一流品质，实现了中国冶金技术全系统在“一带一路”沿线国家的整体出口。

项目建成投产后，经中冶集团党委宣传部推荐，由中国十九冶摄制，以介绍中冶越南河静台塑钢厂项目为主题的视频短片《老高说高炉》，于2017年7月5日在CCTV2《第一时间》《经济信息联播》栏目播出，随后在CCTV财经频道“厉害了我的国”视频评选中获得最佳出镜视频奖。中国十九冶作为“冶金建设国家队”的主力军，不负“西部铁军，祖国放心”誓言，建设了一座二十一世纪全世界最美的高炉。

（中国十九冶　罗志贵）

一座钢铁丰碑

以钢铁般意志，续写十七冶炼钢传奇。

火红的钢水伴着滚滚热浪倾泻而出。2015 年 9 月 28 日，由中国十七冶集团有限公司（简称中国十七冶）承建的宝钢湛江钢铁炼钢工程热试成功，顺利出钢，实现了“15・9”投产目标，这是十七冶人继上海宝钢不锈钢工程后又一大骄傲。

宝钢湛江钢铁是宝钢集团二次创业的核心项目，承载着布局调整、行业调整和区域经济特别是广东区域经济调整、参与国际竞争以及宝钢未来发展的重任，战略意义重大，其施工规模、设备投入均居全国之首。项目建成之后，它将成为“全球排放最少，资源利用效率最高，企业与社会资源循环共享”的绿色钢铁企业。由中国十七冶承接的炼钢工程所具有的重要性和特殊性不言而喻，为此，宝钢集团提出“近乎不可能”的质量要求和工期目标。工程自 2013 年 7 月开工以来，各种困难相约而至，高温酷暑、持续降雨、雷电频击、台风肆虐等自然环境更是异常恶劣，再艰难也难不倒中国十七冶人，项目部铁肩担重任，充分运用不锈钢工程的管理经验，在确保安全和质量的前提下，不断升华管理、革新技术。

拉开序幕

2014 年 2 月 6 日，宝钢集团徐乐江董事长在湛江发出全面加速工程建设的动员令，加速建设序幕正式拉开。炼钢项目部即刻调整施工总计划，

将主厂房钢结构安装节点不断推进；施工过程中钢结构系统使用地面成片组对，整体吊装，并打破常规，采用安置多层移动安全网，立体式全面交叉作业。在“主厂房封闭保卫战”中取得全面胜利——主厂房单月安装量创同类新高，总耗时比最快纪录整整少1个月，总施工节点提前2个月，为下阶段的设备安装提供了坚实的基础。

决战3、4、5

2015年3月，项目部做出“决战3、4、5，确保转炉倾动”的重大节点承诺。在此期间钢结构、设备、管道、电气施工全面开花，施工重任则在机械设备安装，常规需要6个月，而留下的时间只有一半，机械设备单调常规需要至少4个月，为保进度只能与设备安装同步进行，面对如此沉重的压力，只能迎难而上，于是施工现场全面启动24小时作业，夜间灯火通明，通宵达旦。5月28日上午，宝钢湛江钢铁基地全国最大的1号、2号350t转炉依次模拟生产状态顺利倾动，兑现的不仅仅是承诺，更是中国十七冶人的“钢铁意志”。

冲刺6、7、8

湛江钢铁饱经风雨。2014年7月，台风“威马逊”骤然来袭，阵风17级是1973年以来登陆华南的最强台风，虽然中心偏离湛江钢铁，可破坏依旧；2015年台风“彩虹”疯狂踏至，阵风15级，中心直穿湛江钢铁，所到之处满目疮痍：住房被吹倒了，厂房顶被吹飞了，塔吊被吹翻了……炼钢受影响，可台风再大也吹不动中国十七冶人建设湛江炼钢的决心，再强也吹不倒中国十七冶人铮铮铁骨。项目部迅速制订抢修方案：先主后次、先急后缓，一边抗击台风，一边重建家园，抢修吹飞的屋面，抢修吹倒的机械，抢修吹断的电缆，抢修吹损的管道……中国十七冶人在一场接一场的台风抢险战中众志成城，斗破苍穹，充分展示建设湛江炼钢的决心和斗志。

春种秋收。2015 年 9 月 28 日，中秋之夜、圆满之夜——湛江炼钢 1 号、2 号转炉热试成功，顺利出钢，实现“15・9”投产目标。

（中国十七冶　叶　龙）

未来之城的建造者

综合管廊独具匠心，未来之城冉冉升起。

从地理位置看，阿波罗未来产业城像一个山中修行的隐士，但这片不起眼的山地下，却隐藏着不一般的内涵。

“这里集成了综合管廊、海绵城市、智慧市政理念，可以说打下了未来城市的底子。”中国二十冶集团有限公司（简称中国二十冶）广东分公司阿波罗未来产业城启动区基础设施项目负责人赵世东在接受《深圳商报》采访时如是说。项目开工仅半年，赵世东已第六次接受外界媒体的采访了。

阿波罗未来产业城作为深圳市第一个未来产业园和第一个以军民融合为主题的产业基地，承担着深圳龙岗区落实国家创新驱动战略、加快产业转型升级、推动现代化国际化创新型城区建设的重任。在龙岗区重点区域规划建设管理署的有关介绍里，阿波罗启动区基础设施建设项目是深圳市基础设施综合建设的首例，运用综合管廊、海绵城市、智慧市政及河道综合治理的“大市政”理念进行总体规划建设。因为是国内为数不多的综合管廊与海绵城市相结合的典型，赵世东几乎没有任何案例可以借鉴，国内甚至还没出台统一的标准和规范，怎么将最“怕水”的综合管廊和海绵城市相结合，这是赵世东和他的团队面临最棘手的问题。

功夫不负有心人。经过严密的组织和精心的筹划，赵世东找到了良方。他首先召集团队组建项目攻关小组，邀请国内专家指导；同时组织队员参观学习，调研项目实例和运营情况，搜寻国内先进技术及案例，并结合现场情况，引进新技术、新材料、新工艺、新设备，合理汇入图纸设计中，并运用BIM技术检查出图准确性，安排专业施工技术人员超前自审，确保图纸可行性。他组织项目设计团队以整个启动区为对象进行三维建模设计，模拟降雨时整个片区雨水径流、下渗、滞留、储蓄、外排情况，通过一系列的低影响技术措施来实现整个片区“小雨不外排，大雨不内涝”的目标。为有效降低海绵城市建设对市政道路及山体的影响，他采用下凹式绿地、透水铺装、渗透塘、生态截洪沟和管廊雨水调蓄等设施，降雨时将雨水储存在雨水管廊里，可作为市政绿化浇灌及道路清洗水源；当河道干旱时，通过潜污泵将管廊内雨水提升排入边侧截洪沟，补充大康河。考虑到雨水排水管廊是沿一定坡度设置流向，赵世东与团队设计雨水仓采用预制箱涵结构，设置在现浇综合管廊的外侧，在现浇综合管廊结构施工完毕后，采用特制的骆驼车将雨水综合管廊水平方向移动拼装而成，接口采用企口双密封做法，防渗漏效果大大加强，施工质量得到提高，同时也节省综合管廊建设工期，达到高效的绿色施工标准。

龙岗的地下空间正在进行一场革命，“怕水”的综合管廊终于与海绵城市完美契合，未来之城雏形渐现。2018 年 7 月 31 日，阿波罗完成启动区所有的管廊建设，将于 2018 年年底全部竣工。阿波罗产业城的未来充满想象力，综合管廊把高压电缆、燃气、污水等管线全部入廊，将彻底解决城市管线导致的“蜘蛛网”“反复开挖”等问题。综合管廊智能监控系统作为唯一对外数据发布接口，可以便捷接入智慧城市集中监控平台，成为智慧城市的重要组成部分。由于海绵城市的技术优势，家中“看海”、城市内涝等问题将迎刃而解，一座未来之城正冉冉升起。

项目在建，故事未完，我们走在未来之城的路上，让世人尽情期待吧！

（中国二十冶　刘诗华）

草原深处的筑路者

筑就富裕路，造福草原人。

2016年深秋，站在单幅通车的希百公路上，中国二冶集团有限公司（简称中国二冶）希百公路项目经理、中冶集团劳动模范张勇终于露出了笑容。

希百一级公路全长73.96千米，路基宽度24.5米。在这里施工缺电少水，尘暴频发，加之作业车辆卷起的尘土，更是遮天蔽日，饮风餐沙是“必修课”。张勇迎难而上，彰显责任与担当。他排兵布阵，科学配置人员和机械设备，制订技术和安全质量方案：设置梁场、搅拌站；一千米排一次计划，每5天完成1个节点。每天早晨7点沿线公路上就会看见他的身影，晚上近8点他才回到驻地就餐，之后组织召开工程促进会。

实干出业绩，拼搏出成效。巍然屹立于沿线K14千米处和K29千米处的两座水稳站、一座沥青站和混凝土搅拌站完美地诠释着张勇的拼搏精神。K23—K30山体石方段属于高挖方高填方地段，需爆破开挖，爆破山体最高达12米，工程建设尤为艰巨。在4个多月的时间里，张勇与施工人员奋战在肆虐风沙中，那数台挖掘机开挖山体，满载土石方工程车辆穿梭其间的场景，彰显了施工人员不尽的艰辛。

夏季的草原绿海荡波，但天气说变就变。这里的建设者都不会忘记那个雨夜，阵阵响雷将张勇从梦境中惊醒，心中陡然升起一种不祥的预感，如果雨不停，势必要引起山洪暴发，刚刚施工完的路基危险了。险情就是命令。他迅速披衣而起，招呼驻地人员，火速赶往现场，展开雨中路基保卫战。经过冒雨奋战，路基保住了，张勇和同事们满身水满脚泥累得几乎瘫倒。

筑路，质量是头等大事。K40—K50段挖方最深处7米，填方最深处要填至15层。他组织人员对每层填方的压实度等指标都严格检验。按原设计要求，挖方要在原地进行回填，但经检验，原来挖出的土方不符合路基回填土质要求，他便组织人员四处选址找土。在业主的质量检查中，中国二冶施工的路段多次受到好评，被誉为包头市近几年来同类路基施工质量最佳，其路床被评为全线的样板工程。

岁月如歌。张勇在筑就希百这条擘画草原人民走向富裕幸福的大道上，谱写了一首青春乐章。

（中国二冶　范秀文）

手记中的“闪亮名片”

——中国五冶南充鑫达项目纪实

南充亮丽的名片，五冶人精心打造。

“千亿级”“总投资25亿元”“年收入超百亿”“南充样本”等一张张闪亮的名片，是南充鑫达项目“国家级企业技术中心和重点实验室”的身份象征。站在中国五冶集团有限公司（简称中国五冶）承建的鑫达一期生产线上，看到一袋袋包装成型的产品在流水线上向前移动，工作人员操作机械将产品堆积起来，运输车辆不停地将产品转运出去……有说不完的喜悦。

2015年8月13日，天气：大雨，停工

暴雨持续不止，项目部不仅面临着雨水倒灌进场地，设备物资被淹的风险，同时还面临工期紧迫的巨大压力。情势危急，项目经理立即组织抢险队伍，调集抢险物资，按照事前制定的防汛应急预案，争分夺秒投入抢险。

在项目经理的带领下，项目全体员工采取挖沟排水、筑防水堤、转移重要机械设备等紧急措施，人身安全及重要设施得到了保障。同时，通过搭设彩条布遮雨施工、调整作业时间错峰吊装、及时进行签证等有效措施，因天气影响了的工期逐步地被找了回来。

2016 年 5 月 15 日晚，天气：晴，职工夜校

这天是项目部的学习日，自项目开工以来，项目部就将每周的周日定为学习日，以青年夜校、职工夜校为载体，一方面邀请公司、项目上施工经验丰富的同事进行专业知识的普及和宣讲；另一方面邀请通过了职业考试的同事对一级注册建筑师、二级注册建筑师、注册安全工程师等考试内容进行补习。

每日的夕阳西下后，喧哗的工地逐渐归于平静，白天人来人往的项目部，只剩下一盏盏通明的灯火以及沙沙的翻书声。夜晚的项目办公室，就像是高三晚自习的教学楼，项目部成员们都在努力提升自己，夯实专业知识、再读标准图集和规范、提升管理能力等，让自己的能力赶在工程需要的前面。

2016 年 7 月 6 日，天气：晴，项目投产前夕

夜色渐渐地深沉了，施工现场的同事也陆续回到了办公区。此时，项目经理给值班室打来电话说："现场的电缆被挖断了，明天的仪式布置还没完成，快，有车的赶紧把车开着跟我到现场！"项目部的人员听到告急电话后，纷纷把自己的私车开到现场，将作业现场围在中间，所有车辆的大灯齐刷刷打开，现场瞬间宛如宇宙中的"明星"，光亮无比。整个维修作业整整持续到凌晨 4 点。

每一位中国五冶人都以主人翁的意识，用实际行动践行着"一天也不耽误，一天也不懈怠"的中冶精神，把自我融入企业发展的大潮之中。

（中国五冶　杨　颖）

“钢铁粮仓”的正确打开方式

中冶北方是绿色+智慧矿山的开创者。

马城铁矿位于河北省唐山市滦南境内，是20世纪80年代以来中国探明的规模最大的铁矿床，铁矿资源储量12.25亿吨，被誉为河北丰厚的“钢铁粮仓”基地。

马城铁矿建设规模为年产铁矿石2500万吨、铁精粉918.8万吨，是目前国内、国际规模最大的在建地下开采铁矿。作为项目的“总设计师”，中冶北方工程技术有限公司（简称中冶北方）将“绿色”“智慧”的设计理念贯穿始终，用最先进的设计手段打开这座沉睡了千万年的“钢铁粮仓”。

采矿方面：首创分区多阶段同时开采上向充填开采工艺，在增大规模的同时，降低生产成本，实现规模效益；采用多元化采矿方法适应不同矿体赋存条件，最大限度地提高采矿效率和资源回收率；采用世界装机容量最大的提升设备，提升高度超千米，单井提升能力近千万吨；设计了国内深度最深、长度最长、断面最大的主斜坡道，其施工冻结深度超百米、冻结长度逾千米深、斜坡道总长超万米；应用国内最大的连续料浆制备和管道自流输送充填工艺，尾矿不落地、零排放，尾砂直接进入充填系统。建成后将成为国内最大的连续充填系统和无尾矿山。

在建设绿色矿山方面：首创多因素智能通风系统，实现分区、分时段的按需通风，降低能耗及成本；利用矿山地下涌水作为冷、热源，应用热泵技术解决夏季制冷及冬季采暖等问题；建设井下砂石制备系统，将井下废石加工成井巷支护所需的砂石料，实现了大规模废石在国内地下矿山的首次利用。本着减量化、资源化、再利用的原则，选矿产生的尾砂，通过分级处理技术生产建筑用砂，其余全部用于矿山充填，做到无废生产，资源综合利用。

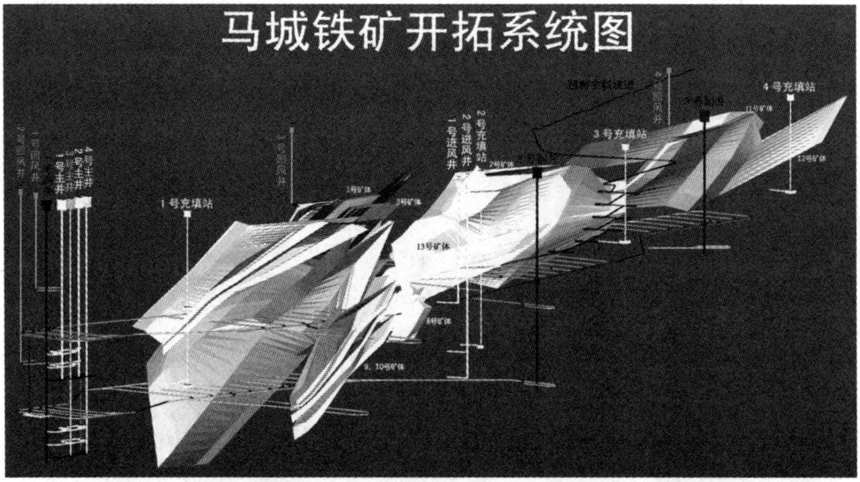

在建设智慧矿山方面：开创国内超大规模深井开采智慧矿山建设示范基地，依托“互联网＋”智慧应用，物联网技术、大数据分析和人工智

能，把资源、设备和人有机地结合在一起，推动各环节的数据共享，实现产品全生命周期和全流程的数字化，实现资源开采可视化、设备管控智能化和可控化、信息传输网络化、生产管理与决策科学智慧化，努力成为追求和践行智慧矿山建设的领跑者。

（中冶北方　李　迪）

走向世界，中国恩菲改变镍铁冶炼格局

创新镍铁冶炼技术，恩菲跨步迈向世界。

镍是国民经济发展的重要战略物资。当前，世界范围内，伴随占主导位置的硫化镍矿资源的日趋减少和开采难度的持续增加，行业对红土镍矿的开发需求不断提高。

一直以来，我国镍资源严重短缺。2005 年，中国开始进口红土矿冶炼生产镍铁，受当时高位镍价的刺激，红土镍矿冶炼规模迅速扩大，成为世界之最。但由于缺乏先进的技术与装备，熔炼多采用小高炉、炼钢电弧

炉、铁合金矿热电炉，焙烧采用竖窑、隧道窑、烧结机等落后的工艺。2010年以前，行业呈现“散、乱、差”镍铁冶炼状态，单条生产线规模小、指标差，更加严重的是，能耗比世界先进水平高出50%以上，使我国付出了高能耗、高污染的沉重代价。

以行业需求为己任，以绿色环保为目标，中国恩菲自2006年起，与中国有色矿业集团合作，依托缅甸达贡山镍矿项目开发，联合行业同仁共同集结科研力量。采用中国设计、中国装备、中国建设等方针，遵循“吸收、消化—小型试验—半工业试验—工业化试生产—大型镍铁工厂”的稳妥程序，于2010年成功开发回转窑—电炉工艺；在引进国外技术和设备受阻的情况下，开发我国自主知识产权的红土矿镍铁冶炼技术及装备；突破了回转窑—电炉生产高品位镍铁的技术壁垒；确保了缅甸达贡山镍矿项目顺利建设。确保达贡山项目实现全面投产、达产，且各项技术经济指标均达到或优于世界同类企业。国外专家现场考察后指出，中国镍铁冶炼已步入世界先进行列。之后，顺应全球镍铁冶炼装备大型化、高品位镍铁的发展趋势，中国恩菲继续发力，持续优化工艺，提升技术水平，并在全国推广应用，逐步淘汰落后产能。

中国恩菲联合行业同仁多年的持续研发和执着坚守，为项目的成功投产奠定了坚实基础。依托红土镍矿生产高品位镍铁关键技术与装备开发及应用项目，中国恩菲成功设计了缅甸达贡山镍矿项目。项目自当地时间2012年10月3日投产后，稳定运营至今。项目是中国有色集团投资的特大型采选冶联合项目，也是中国政府"十一五"境外资源开发的重点投资项目，其成功投产，不仅为我国海外建设工程树立了重要的成功范例，更将我国镍铁冶炼领域的中国技术、中国制造提升到崭新的高度，使我国镍铁冶炼技术及装备在短短的几年中步入了世界先进行列。

（中国恩菲　刘梦飞）

打造“一带一路”上的“精品工程”

——中冶海外马来西亚“W-Hotel 酒店”项目纪实

“中国速度”的践行者，“一带一路”的建设者。

2016 年 9 月，在马来西亚首都吉隆坡市的核心地段，当地一座备受瞩目的建筑顺利封顶。这座建筑的名字叫“W-Hotel 酒店”，是一个集超五星级酒店、豪华公寓为一体的高端城市商务居住综合体，它在地理位置上与吉隆坡标志性建筑双子塔遥相呼应，是吉隆坡继双子塔后又一个地标性建筑。

“W 酒店”项目由中冶海外工程有限公司（简称中冶海外）总承包，自 2014 年 5 月开工以来，不仅受到了马来西亚社会各界的关注，同时也深受中国政府的重视。国务委员王勇、全国政协副主席韩启德、国务院国资委副主任黄丹华曾先后赴项目调研、指导工作。该项目被中央电视台《远方的家》栏目组推出的大型系列特别节目“一带一路”进行过专题报道，获得了几亿人次的关注。这个项目被誉为“一带一路”建设的精品工程。

该项目是中冶集团在国外以工程施工总承包方式承揽的最高建筑物，刷新了中冶集团在海外新的“天际线”，同时也为集团“四梁八柱”主业中高端房建板块增添了辉煌业绩。

开工以来，项目部的管理人员一直以中冶人“一天也不耽误，一天也不懈怠”的精神，全身心投入项目建设中。结构施工以“七天一层”的建

设速度推进，吉隆坡市中心所有在建项目无一达到此等效率，这也是令世人继“深圳速度”后再一次领略了中冶集团——中国基础建设主力军的无上魅力！可以说，这个项目即代表着中冶，也代表着中国！

项目开工伊始，由于马来西亚国情限制，受到劳动力到吉隆坡政府等多种因素影响，导致项目进展不顺畅。2016 年初，在集团领导国文清、张孟星的关注下，以集团为依托，对项目部进行调整。经过项目部的运筹和调整，项目部全员昼夜奋战，不懈努力，克服了吉隆坡市区的交通拥堵、雨季施工、公共假期及马来西亚节假日多等因素影响，使施工顺利进行。

作为“一带一路”倡议的“精品工程”，“W 酒店”项目从 2014 年 5 月正式开建到现在，这中间承载了太多“聚少离多、背井离乡”的思念。由于工程性质特殊，又在国外，很多员工每年只有很短的假期回家探亲，而更多的时候，只能通过更加努力工作来弥补对家人的那份思念和歉疚。白天忘记了街道的车水马龙，夜晚忘记了城市的灯火辉煌，扎根在水泥与搅拌机轰鸣的工地里与时间赛跑，因为中冶海外“W 酒店”项目全体员工知道：家，在远方；爱，在他乡。

（中冶海外　宋大雷）

程寒飞：为绿水青山的中国梦贡献华天力量

献身水处理，华天追梦人。

程寒飞，22年水处理生涯与“忙”绑定，忙得可谓是精彩纷呈：从一无所有到建成业内知名的中冶水处理技术中心、安徽省冶金及造纸水处理工程技术研究中心、机械工业节能工艺与装备工程技术研究中心；2013年10月，凭着在水处理领域的一系列卓越成果荣获“中央企业劳动模范”称号，这也是他继获得“安徽省五一劳动奖章”之后获得的又一枚沉甸甸的奖牌。作为总设计师，程寒飞先后主持完成了几十项大中型水处理项目的设计；领衔10多项国家、省部级水处理技术研发和攻关课题；在国家核心期刊发表

科技论文20余篇，撰写著作1部（合作）；获得20余项专利授权……

44岁的程寒飞通过多年的扎实努力，开辟出了属于自己的天地。他将自己全部的热情和才华投入一生挚爱的水环境技术研究之中。他说“我从来没有想过离开中冶华天工程技术有限公司（简称中冶华天）的水处理事业，去干别的。我的想法就是：在不达目标之前，绝不放弃、永不言败。”

3年前，程寒飞在对寿光城市综合污水处理厂实施节能改造时发现，工艺方案提出后，搞工艺的人不懂装备设计，不会具体实施，只能请专业公司来解决。这让他萌发了新的设想：如果能有一支自己的水处理装备团队，不仅可以很快地转化为生产力，而且还可以为公司的水务运营业务提供强大的装备技术支持。为此，他积极运作，在公司的大力支持下，当年6月就成功引进了以业内知名的环保装备专家张鑫珩为首的技术团队。这个团队不仅带来了环保装备发展创新理念，同时也带来了专利成果产品，带来了核心装备竞争力。

“这4年来，我就做了一件事，就是把水处理工艺技术、工程技术、装备与药剂制剂等产品技术整合为一个完整的产业链，形成系统的环保和

节能优势，抢占业内先机。”这是程寒飞对自己工作的总结，更是他一直以来的坚持。在他的带领下，中冶华天的水处理事业已从当初只能承接单纯的工厂设计，到水处理新工艺的研发，再到水处理核心装备、药剂与生物制剂的研制，直到水处理设施的专业运营，初步形成了一个较为完整的产业链。涉及的行业领域已从最初的钢铁、化工、造纸、印染等工业废水处理，逐步扩展到市政水处理，再到为城市发展提供涉水领域的系统服务，使得“墙内”的点式水处理与“墙外”线、面水环境治理与生态修复工作齐头并进，在竞争激烈的城乡水环境系统治理与生态修复领域闯下一片天地，程寒飞作为中冶华天水环境技术研究院的院长功不可没。

“我们研发关键的环保设备，一定要对标国际领先水平，人无我有，人有我优，人优我特，力争占领制高点，拿到话语权。”程寒飞总是以这样的标准严格要求团队，要求自己。正是在这样的高标准、严要求下，中冶华天的水处理技术如日中天，多年稳居国内一流行列，为实现绿水青山的中国梦贡献华天力量！

（中冶华天　杜　程）

建造者的使命

谁说不可能，爱拼定会赢。

2016年11月，中冶建工集团有限公司（简称中冶建工）接到任务，在一个半月内，对重庆市江北区石子山体育公园博物馆进行提档升级，改造建成第五巡回法庭的办公场所。

这个任务在很多人看来是不可能完成的。为了解现场作业的实时情况，排除阻碍因素，加快施工进度，项目领导率先垂范，带头冲锋，置之死地而后生。项目经理熊水金除了能在凌晨短暂休息外，其余时间都在现场各个施工区域间来回穿行，指导工人作业，疲惫之至，就倚在还没装饰

的门框上打个盹。中冶建工一公司总经理王世明吃住不离现场，一方面，监督指导现场员工时刻绷紧进度的弦儿，保证安全、有序、高效施工，协调政府、社会、公司等各方力量，为按期完工提供有力保障；另一方面，作为一公司主要领导，率先垂范，与一线员工同吃同住同劳动，稳定人心、提振士气。

公司董事长、党委书记姚晋川，多次到项目现场指导工作，召开现场办公会，及时为施工过程中遇到的问题出谋划策。公司副总经理吴向东也带上安全帽，成为现场的一员，统筹协调项目推进，督促指导施工。在中冶建工最高人民法院第五巡回法庭项目现场每天昼夜相接的高强度工作中，无论何种身份，何种职务，人人都各司其职、埋头苦干。

在45天的时间里，项目部不计代价，一切行动围绕保质保量完成工程建设的目标展开。为了加快工程进度，劳务队伍分为多个班次，24小时连续作业，轮流上岗，间歇休息。这样一来，项目上的工人数量直线上升，本就不大的作业现场，聚集了近100名施工员和700余名工人。由于连续高强度作业，很多人出现了感冒、咳嗽等不适症状。此外，项目时间紧、任务重，场地小、工人多，导致既没有足够的场地，也没有足够的时间为工人搭建临时宿舍。为了解决这一问题，项目部果断决定，租下项目所在地周边宾馆酒店，供工人休息住宿。为了节约时间，包括项目领导班子在

内的所有工作人员，午饭全部在现场，有时一桶泡面就是一顿饭。有的施工场地空间狭小，机械设备无法进场，现场工人就肩挑背扛送进建筑材料，送出建筑垃圾。

回想45天埋头苦干的历程，每一名在项目现场挥洒过汗水的中冶建工人都感触良多。一项任务交到手里，就成了中冶建工的一种责任、一份使命，中冶建工就会出色地干好，不遗余力地完成，实现价值，不辱使命。当最高人民法院第五巡回法庭在祖国西南伫立之际，中冶建工的工程建造者们再次奔赴天南地北，在那里等待着他们的，是另一项任务，又一份使命。

（中冶建工　毛浩箔）

细处着眼、小处着手
提升中冶建信基金品牌影响力

着力细小，服务大局。

中冶建信投资基金管理（北京）有限公司（简称中冶建信基金）于2015年7月28日成立后，始终秉承“服务集团，服务子企业”的业务定位。作为集团产融结合和资本运作的专业平台，他们结合集团公司产业发展和资本运作的需求，以创新为核心驱动，量身打造从投融资到设计施工运营的全产业链服务，提升资金运作效率，优化财务结构，为集团价值创造提供有力支撑。

公司充分发挥推动中冶PPP业务发展的平台引领作用，聚焦加快基金融资落地这一重点目标，积极分析和化解阻碍融资落地的难点，全力推进中冶PPP项目中标及融资落地，与金融机构建立“总对总”沟通对接机制突破融资瓶颈，在严控项目风险的前提下提升和扩展功能。

在PPP业务全面推进的同时，公司也在积极向非PPP业务转型，搭建创新产融结合和资本运作的专业平台，服务集团主业和战略性项目，为集团盘活存量资产、优化资产结构、提升资金使用效率提供全方位的金融支持。

经过两年多的努力，公司发展保持了稳中有进的积极态势，取得的工作业绩得到了集团领导和子公司的一致认可与好评。在业务开展的同时，公司也全面加强企业文化建设，从细处着眼，从小处着手，着力增强公司品牌影响力和团队凝聚力。

统一购置员工制服

中冶建信基金是轻资产型公司，主要业务开展的形式就是通过投资经理与子公司和金融机构的对接、谈判，因此以整齐划一、干净利落的形象出现，对整体公司形象有很好的正面效应。在公司统一安排下，综合管理部仔细筛选商家、面料、款式，结合公司整体干部队伍年轻化的现状，量身打造了商务、简约的员工制服，形成了公司积极向上、团结奋发的良好形象。

在公司会议室制作悬挂带有中冶 LOGO 和公司名称的背板

作为集团的产融结合平台，中冶 LOGO 对于公司每一名员工都是一枚光荣的勋章。由于公司经常在会议室接待来访的各大金融机构，为了维护良好的企业外在形象，展示企业品牌形象，公司制作了带有中冶 LOGO 和公司名称的宣传板悬挂于会议室，一方面向外来机构展示中冶的品牌形象，另一方面也增强了公司员工的自豪感和荣誉感。

组织拍摄公司宣传片

视频也是宣传公司品牌的重要媒介之一。为推广中冶品牌形象，公司综合管理部组织部分员工拍摄宣传短片，展示员工日常工作的饱满热情和敬业的工作状态。

组织员工参加拓展活动

为增强员工凝聚力，公司组织员工开展户外拓展活动，将“中冶人用心铸造世界”的座右铭展现在公开场合。通过户外活动，既增进了同事之间的感情，又面向社会大众展示了中冶建信基金公司团结向上的企业形象。

面向未来，中冶建信基金将继续弘扬“一天也不耽误、一天也不懈怠”朴实厚重的中冶精神，开创公司新的发展局面，用坚强有力的工作作风和扎实丰硕的业绩成果回报集团的信任和支持。

（中冶建信基金　宁　朔）

核电检测的科研精兵

科研无坦途，偏爱有志人。

看着电脑上那一项项精密的数据正一页页地从打印机“吐”出来，荣华长舒了一口气，“不出意外，这次的研究结果应该是能实现项目目标的”，她在心里如此肯定，眉宇间也舒展开来。关灯下班，她独自走出实验室，已经是深夜11点了。时值2月，室外寒风凛冽，但此时的荣华却感到一丝暖流在胸间涌动，想到自己的研究成果前景看好，荣华心头一喜，不觉加快了脚步。

荣华是在2014年7月接手“大型商用飞机撞击燃料燃烧效应数字仿真模拟”课题的，到现在已经200多天了，从披阅文献到找专家讨论，再到

深入研究，荣华不敢耽误片刻，挑灯夜战是常事，三眠五起亦有之，研究课题时的她，就像急速旋转的陀螺。长期的精力及体力消耗，再加上睡眠不足，她日渐消瘦，但是她心里清楚，时间就是生命，项目不能放缓，胜利就在眼前！她反而比之前更投入了，捐弃宝贵的假期，放弃对爱人的陪伴，错失对不远千里来探望自己的爸妈的陪伴。那时的她，除了项目，再无其他。功夫不负有心人。她推导出了模拟计算中所用到的理论控制方程，并采用英国皇家工程院院士赵华先生推荐的 STAR－CD 软件，成功实现项目研究目标。项目的完成，大大提升了中冶建研院在核电领域的技术影响力。

中冶建筑研究总院有限公司（简称中冶建研院）在核电站安全壳结构与密封性能检测领域有着悠久的历史，长期居于国内核电检测领域的垄断地位。自 1987 年进入该领域来，在近 30 年的时间里，她完成了 40 余座已建和在建的核电站安全壳结构整体性和密封性能的检测评估项目，为国家的核电建设做出了重大贡献，荣获多项国家级、省部级和中冶集团科技奖励。

短暂的喜悦过后，荣华恢复平静，继续坚定地走向下一站。她先后完成了“田湾核电站安全壳预应力钢束失效分析及预防监测方法”“宁德服役电站安全壳结构计算分析”项目。科研没有坦途，荣华以她善于钻研、永不放弃的精神向前跋涉着，前方的路虽然崎岖但却光明。

从工学博士到科研尖兵，荣华完成了一个科研人最关键的华丽转身。象牙塔的财富不再悬置高阁，而是为她任意取用，造福世人。走上前辈用毕生心血建成的真理之路，她一路攻难克险，披荆斩棘，勇往直前！

（中冶建研院　李瞳瞳）

“金牌”焦炉诞生记

十年磨一剑，斩获焦炉桂冠。

2017年7月27日，中国钢铁工业协会、中国金属学会冶金科学技术奖奖励委员会在京举行年度冶金科学技术奖特等奖答辩会，由中冶焦耐工程技术有限公司（简称中冶焦耐）牵头的“超大容积顶装焦炉技术与装备的开发及应用”项目，全票通过，获得该会评出的唯一特等奖。这是中国钢铁行业的最高技术奖项，也是中冶焦耐目前获得的最高技术奖项。

这是一份沉甸甸的荣耀。这份殊荣是如何获得的？“金牌”焦炉是如何诞生的？骄人桂冠的背后又有着怎样不为人知的故事？

时间回溯至2004年。当时，冶金部鞍山焦化耐火材料设计研究总院刚刚改制为中冶焦耐，公司董事长于振东高瞻远瞩，战略性地提出：研发中国最新超大容积7米焦炉，取代当时主流的传统焦炉技术，用最先进的技术引领中国焦化行业的发展！于振东的目光是敏锐的，作为钢铁冶金行业的支柱产业，未来的焦化，不可能单一追求焦炭产量，只有绿色节能、环保高效的焦化技术才能满足未来国民经济的发展需要。

放眼当时国际焦化领域最先进的炼焦技术，氮氧化物排放可以达到每立方米350毫克以下，炉组产能可达200万吨以上，该技术由德国某公司垄断。而我们的氮氧化物排放控制水平在每立方米600～1000毫克，炉组规模仅为德国的一半。面对巨大的技术差距，中冶焦耐知难而进，奋起直追，成立由

老中青专家组成的研发团队，利用公司近半个世纪的工程经验和数据，并结合20世纪80年代在鞍钢建设的8米工业试验炉的资料，终于在2005年末研发出中国第一代具有自主知识产权的7米焦炉技术。该技术运用于鞍钢营口鲅鱼圈工程，并于2008年顺利投产，荣获“新中国成立60周年百项经典精品工程奖”。这是中冶焦耐在超大容积焦炉探索的第一步。2008年第一代7米焦炉投产后，焦耐人没有选择安逸地躺在功劳簿上，而是选择继续对标世界最先进的炼焦技术指标，比能耗、比产品质量、比排放标准、比自动化水平，研发新一代超大容积顶装焦炉。为此，中冶焦耐联手北京科技大学、鞍山钢铁集团，以“超大容积顶装焦炉技术与装备开发”为题，向国家科技部申请国家863计划资源环保技术领域的重点项目。2009年12月，该项目获得批准后中冶焦耐牵头组织“产学研”一体的技术研发团队，制定研究方向、技术路线，分解课题，考核进度，由工程技术公司牵头，借助高等院校的科研力量，依托鞍钢的示范工程，历经数年砥砺奋斗。无论面临多少技术难题，研发团队始终怀揣信心，终于在超大容积焦炉炉体结构、组合燃烧技术、焦炉生产过程数值与仿真技术、焦炉智能化控制等多项关键技术上获得重大科技创新与技术突破。示范工程于2012年4月顺利投产，各项生产指标均达到设计要求，且全部符合项目研发的考核指标。2013年5月，项目成果顺利通过国家科技部验收，宣告中冶焦耐的“金牌”焦炉诞生了。

而后，这一份凝结了几代中冶焦耐人辛勤与汗水的超大容积焦炉技术厚积薄发，迅速占领市场。截至2016年末，运用项目成果建设和投产的7米焦炉共计30多座，年产焦炭2276万吨，鞍钢集团、宝武集团、河北钢铁等国内大型钢铁公司到处都有项目成果的身影。2012年，中冶焦耐通过该技术击败代表世界先进水平的德国公司，斩获台塑越南河静钢铁公司的焦化项目合同，标志着中国超大容积焦炉技术成功输出海外。而就在10年前，德国公司还曾以签署技术协议的形式禁止中冶焦耐开发超大容积焦炉技术，不由让人感慨万千。

十年风雨砥砺、十载奋斗进取。中冶焦耐十年磨一剑，最终从70多个项目中脱颖而出，凭借“超大容积顶装焦炉技术与装备的开发及应用”，在我国冶金行业顶级专家的嘉许和赞扬中将2017年的冶金科技特等奖收入囊中。焦耐人深知，这顶级的荣誉并非幸运，而是一代又一代焦耐人用汗水与付出砌筑、用执着与敬业谱写、用专注与创新赢得的。超越昨天，正豪迈上演；中冶焦耐，润水墨而来。作为全球最大、最强、最优的焦化建设、运营、服务的“国家队”，中冶焦耐深知：我们的目标不是中冶，不是中国，而是世界；我们的眼光不是过去，不是现在，而是未来！

（中冶焦耐　郑亚杰）

京诚电炉：铸共享之梦

——记中冶京诚炼钢所电炉与炉外精炼团队的发展历程

承载过去、开拓未来，当“排头兵”、铸“梦工厂”。

中冶京诚工程技术有限公司（简称中冶京诚）电炉团队是我国电炉炼钢技术发展的先驱和主力军，是国内最早研发电炉炼钢和炉外精炼工艺、装备和工程化技术的综合单位，见证了中国电炉炼钢技术的发展历程。

早在1958年，中冶京诚的前身北京钢铁设计研究总院便调遣炼钢室精兵强将成立了电炉设计团队，专注于电炉炼钢技术的设计研发工作。2003年11月28日，经过改制，中冶京诚在北京钢铁设计总院的基础上发展成为股权多元化的现代科技型企业，并成立电炉与炉外精炼团队。北京钢设总院与中冶京诚薪火相传，一代又一代的电炉人前赴后继、务实创新、砥砺前行，完成64项电炉工程项目，其中EPC项目13项、70t以上超高功率电炉工程设计36项、100t以上28项；在70t以上电炉炼钢工程市场占有率45%。中冶京诚拥有成熟的30t～150t电炉系列产品，开发了4种不同类型的电炉，可适应全废钢、大比例兑铁水、DRI冷装或热装等不同原料结构和工艺生产的需求，精于电炉—精炼—连铸—轧钢“四位一体”短流程设计。

一路走来，中冶京诚电炉团队在推动国内电炉炼钢行业技术进步的同时，也创造了中国电炉炼钢工程的多项第一。

1988 年，国内第一座超高功率电炉工程，由中冶京诚设计，在广州钢铁公司建成投产。

1992 年，国内最具影响力的 150t 超高功率电炉工程，由中冶京诚设计，在天津钢管公司建成投产。

1995 年，国内第一座 90t 超高功率竖炉工程，由中冶京诚设计，在张家港钢厂建成投产。

1997 年，国内第一座 100t 直流电炉工程，由中冶京诚设计，在江阴兴澄建成投产。

1999 年，国内最大的（150t）超高功率竖炉工程，由中冶京诚设计，在珠江钢厂建成投产。

2006 年，全国产的 100t 水平连续加料电炉工程，由中冶京诚设计，在舞阳钢铁公司建成投产。

2008 年，国内第一座全国产化的 120t 高阻抗超高功率电炉工程，由中冶京诚自主设计、自主制造、自主建设和运营，在石钢京诚（营口）装备技术有限公司建成投产。打破了大容量电炉长期依赖引进的行业局面，为拓展海外电炉工程市场打下了坚实的基础，其生产运行指标达到国际先进水平。电炉技术获得省部级二等奖 2 项、三等奖 2 项，并拥有多项专利。

2012 年 5 月 16 日，中冶京诚为永钢集团联峰能源装备有限公司设计和供货的 110t 电炉顺利投产。该套电炉为常规超高功率高阻抗交流电炉，采用了炉后 EBT 兑铁技术，并配备有 6 套多功能氧枪和 3 套碳粉枪，采用烟气分析动态控制技术，以及第四孔、狗窝及屋顶罩的除尘技术，其装备及技术达到了国际先进水平。

2013 年，随着中冶京诚在海外总承包的首座以 100% DRI 为原料的 140t EAF—LF（VOD）—CCM 短流程生产线在伊朗 ardakan 成功投产，在区域市场树立了形象，起到了国际工程项目的示范作用，获得了区域市场认可，为后续诸多国际项目的经营起到了积极的促进作用。

2014 年，中冶京诚总承包的伊朗 7 个电炉连铸项目进入技术谈判最艰

难的阶段，中冶京诚电炉团队以细致周到的技术方案和国内过硬的业绩实例，最终说服伊朗客户接受中国标准和中国制造，顺利签订技术附件。

2015 年，中国首座电转炉（80t）工程，由中冶京诚设计，在太钢二炼钢建成投产。该电炉采用一套电极 + 旋转顶枪在两个炉壳之间进行相互切换冶炼，以适应不同比例铁水的生产要求。

2016 年，中冶京诚电炉参与主编的《炼钢工程设计规范》颁布实施；主编的《钢铁企业节能设计标准》等国家标准电炉部分，以规范引导国内电炉行业发展趋势。

2017 年，中冶京诚凭借强大的技术实力和优势，力压竞争对手以最高价中标安钢 100t 电炉总承包工程。该电炉配置了 3 把多功能炉壁集束氧枪，以焦炉煤气为燃料气，采用炉后出钢区兑铁，并配置炉门自动测温取样机器人和中冶京诚智能化二级模型，采用第四孔、狗窝、象窝和屋顶罩三结合的除尘隔音系统。

骄人业绩的背后是一支敢打硬仗的人才队伍，以及这支队伍的团队精神。作为“冶金建设国家队”的第一梯队，中冶京诚电炉与炉外精炼团队培养锻炼了一支具有设计及产品研发、项目管理能力的人才队伍，在保持

工厂设计优势地位的前提下，坚持走技术产品化道路，开发了一批具有自主知识产权的电炉与炉外精炼技术产品，并成功应用于工业生产，创造了市场价值，提升了行业影响力。

坚守中冶京诚“做精冶金”的发展战略，中冶京诚电炉团队秉承“一天也不耽误，一天也不懈怠”的中冶精神，坚持“诚信、创新、增长、高效”理念，努力奋斗，持续创新，凭借领先的技术、优异的产品、卓越的业绩和专业化的团队，促进企业跨越式发展，当好全球最大冶金建设国家队的“排头兵”。

荣誉承载过去，开拓旨在未来。节能低耗、绿色环保、高效智能是电炉团队不懈的追求，中冶京诚电炉团队将不断超越自我，用独占鳌头的核心技术和产品以及电炉炼钢全流程的整合优势，力求为客户打造全球钢铁行业最具竞争力的“梦工厂”！

（中冶京诚　潘宏涛　陈代明）

专注源于专业　精诚奉献精品

——中冶京诚热电所领军人物蔡发明的事迹

热电领军人，唯我“蔡发电”。

一篇篇感谢信纷至沓来，一张张奖状接踵而至……表彰的是中冶京诚热电所发电领军人物蔡发明。因为执着、专业与权威，无论是同行、业主，抑或是供货商，都敬重的称呼他为“蔡发电”。他带领着热电所发电团队为用户提供专业的节能挖潜方案，运用点、线、面全方位专家诊断，打造了一个又一个发电精品工程。无数的荣誉与褒奖迎面而来，却依旧竭诚相待，功成不居，不矜不伐。

自2011年开始，国内钢材价格连续下跌，环保要求不断提高，钢铁行业面临全面亏损的境况。在国家化解过剩产能的同时，选择合适的节能环保技术，降低生产成本已经成为钢铁企业唯一的生存之道。蔡发明率领他的发电团队查阅资料，现场勘察，统计数据，意识到国内钢铁企业普遍存在着企业自发电率低、煤气发电机组容量小等能源总体利用欠佳的严峻问题，他当即表示要带领热电所大力推动清洁高效发电技术。就是靠着这么多年的坚持与认真，才有了现在京诚在钢铁行业的发电领域不容小觑的市场地位，对推进钢铁工业绿色转型升级也具有重要意义。

蔡发明带领着热电所发电团队以形象和直观的全三维设计为依托，为企业提供全方位余热余能利用诊断方案，实现绿色节能，降本增效。发电团队现主营业务有高温超高压煤气发电、联合循环发电（CCPP）、高温高压发电、饱和蒸汽发电、烧结余热蒸汽发电、燃煤发电，螺杆机发电、垃圾发电以及煤气发电兼鼓风等。其中，高温超高压一次中间再热煤气发电机组，将低热值富余煤气作为燃料，通过煤气发电机组产生电能，热效率高达36%~38%，发电技术已处于国内行业领先水平。

在萍钢项目上，蔡发明基于熟练掌握的项目管理标准，从工程伊始主厂房主体结构施工、交付安装到中期锅炉水压试验、汽轮机扣盖再到后期厂用电受电、机组整套启动，精心组织，严格把控各个节点，优质高效地

完成了发电各项工作进度。现在公司的煤气发电业务日益增多，总承包现场也遍布全国各地。他在各个项目前期与设计人员商讨核算，陪大家一起加班，审图一丝不苟，保证图纸优质及时地到达现场。后期也经常去各个施工现场监督检查，尤其是在安全生产方面格外注意，将各个现场出现的问题及时总结反馈，确保以后的工程更加高效、精细、智能。

中冶京诚发电团队遵循循环经济的基本原则，以清洁生产为基础，积极发掘资源高效利用和节能减排潜能。清洁高效煤气发电不仅具有显著的社会效益，而且大幅度降低了企业能源成本。相信在“蔡发电”的带领下，发电团队一定会坚持经济效益、环境和社会效益协同发展的模式，带动绿色钢铁企业的技术升级和创新。

（中冶京诚　张　鑫）

最美的风景在一线

最美风景线，最美筑路人。

对于一条路，人们往往称赞它的经济和便捷意义，却很少人问及或评说一条路凝聚了多少筑路人的血汗。任凭风吹日晒、狂风骤雨，筑路人都会坚守岗位不退缩，成为一道最美的风景线。

“小国强，你现在最白的地方是你的牙。”小国强，名叫张国强，是现场技术员，2017 年 3 月 18 日到项目部实习，因工作突出，6 月份毕业后直接留在项目部。虽然是刚从学校毕业，却具备足够的吃苦耐劳品质，每天早出晚归，中午饭也常常在现场解决，经常是一天天见不到他人。看着他一天比一天黑，才有了上面那句笑话。

不仅张国强，所有技术员也包括施工人员都把寂寞深埋心底，把时光献给筑路事业。烈日下，筑路人的衣服被汗水浸透，不时用手揉一下流进汗水的眼睛；暴雨中，筑路人被雨水浇透，风一吹，冷得发抖，但他们仍在继续干着未完成的工作。我们每当看到以上的画面，内心不觉会有深深的触动与感动。

筑路人来自五湖四海，近的很近，远的很远。身在异乡，回家对于很多筑路人来说都成了一件很奢侈的事，同样都有家，同样都想家，可筑路人一年回家的次数少得可怜，一年与家人相处的日子也少得可怜。一位同事说，有一天他接到两岁儿子的电话，儿子哭着说：“爸爸，我想你了，我要去北京找爸爸。”有多少筑路人接到家人这样的电话，内心的酸楚又与谁说。没有父母的耳边叮咛，也没有儿女的绕膝欢笑，正是对家人的思念化为筑路人的信念和动力，从而承担起家庭的期望与重担。

没有家人在身边，就把同事当家人。公司注重文体建设，鼓励开展职工文体活动，丰富职工文体生活。项目部多次组织拓展训练、集体烧烤活动，并建有乒乓球室、台球室。上班时间，每个人尽职尽责完成分内工作；下班时间，大家在一起有说有笑。这些文体活动，进一步加深了同事之间互帮互爱的情谊。

一线也许重复着每天吃饭干活睡觉的生活。但一线的生活简约却不简单，我们施工的每一步进展都意义非凡，建设的每一个画面都是一道亮丽的风景线。

（内蒙古建投　陈艳梅）

中冶南亚公司展现中冶品牌的力量

布局西南的一个新支点，一座“桥头堡”。

中冶集团按照“做冶金建设国家队、基本建设主力军、新兴产业领跑者，长期坚持走高技术高质量发展之路”的战略定位，始终以独占鳌头的核心技术、无可替代的冶金全产业链整合优势、持续不断的革新创新能力，承担起引领中国冶金向更高水平发展的国家责任；始终以卓越的科研、勘察、设计、建设能力为依托，加快转型升级，打造“四梁八柱”综合业务体系，锻造成为国家基本建设的主导力量；始终以创新驱动作为企业发展的新引擎、新动能，担当起国家新兴产业发展突破者、创新者、引领者的重任，不断打造新常态下推动可持续发展的企业品牌。

中冶南亚公司将中冶集团的研发和设计优质资源积极引入云南，整合中冶集团在云南既有的资源力量、管理力量、资金和融资力量，积极参加云南等地区交通工程和滇中新区的投资和建设，协助滇中新区做好基础设施；引入管廊理念，打造海绵城市等设计规范和收费标准，突出和体现云南滇中新区作为实施“一带一路”、长江经济带等建设和区域发展总体战略的重要支点，以及“桥头堡”的地位与作用。

2017 年，中冶南亚公司中标昆明市春雨路及金马路延长线道路和综合管廊建设工程政府和社会资本合作（PPP）项目 42. 1 亿元，丽江市中心城区地下综合管廊工程示范段祥和东路建设项目施工总承包项目约 2. 5 亿元。

在继续巩固昆明市、滇中新区、丽江、德宏州、红河、大理等市场的情况下，中冶南亚公司陆续开辟了玉溪市、曲靖市、文山州、临沧市、昭通市等新兴市场，先后与临沧市人民政府、文山州人民政府、芒市人民政府等签订了《战略合作框架协议》。

为了进一步开拓云南市场，中冶南亚公司代表中冶集团在云南省及南亚地区积极开拓市政建设、高速公路等项目投资、融资、建设、运营业务，打开中冶集团面向南亚地区的窗口，打造中冶集团通往南亚地区以及通向“一带一路”的“桥头堡”，做大项目、做优质项目，展现了中冶集团的优质品牌和整体优势。

（中冶南亚　高　堃）

南博会，中冶品牌熠熠生辉

一届博览盛会，进军南亚桥梁。

2016年6月12日至17日，第四届中国－南亚博览会暨第24届中国昆明进出口商品交易会在昆明滇池国际会展中心隆重举办。中冶集团以“四梁八柱”业务领域最具代表性的重大核心技术体系和“冶金建设国家队、基本建设主力军、新兴产业领跑者，长期坚持走高技术建设之路”的战略定位精彩亮相，集中展示了中冶集团的经济、技术、文化底蕴和发展实力。

为期6天的南博会以“亲诚惠容、合作共赢”为主题，以“促进中国－南亚全面合作与发展”为宗旨，来自89个国家和地区、国内29个省（自治区、直辖市）和5000余家企业参展参会。

南博会期间，作为中冶集团在云南乃至南亚“桥头堡”的中冶南亚公司签署了多项战略合作协议，与云南省委、省政府及各州市委、市政府进行广泛的接触与沟通，结识和对接了国内外众多参展的知名企业及客户。中冶南亚公司领导通过不同方式与云南省及各州市党政主要领导及各知名企业进行了沟通交流。与昆明市、丽江市、大理州、昆明滇中新区管委会等地方政府主要领导就推进相关项目开展及后续签署合作协议等事项进行会谈，并且与大理州海东区管委会，红河州蒙自市、开远市政府，建行云南省分行签署了战略合作框架协议。

南博会期间，中冶南亚公司参展代表积极主动与国家开发银行、中国科学院电工研究所暨北京科诺伟业光电科技公司、云南能投滇中开发投资公司、云南城投水务投资公司、云南亚源基金、华泰证券云南分公司、宏大建设集团、中国中车株洲电力机车公司、云南风蓝控股集团、云南昆钢建设集团等知名企业沟通与洽谈，并与秦国、柬埔寨、马尔代夫等国参展企业进行了接触，收获颇丰。

博览会期间，中冶集团展厅共接待参观、洽谈人员500余人次，与众多国内外知名企业进行广泛接触与沟通。作为桥梁与平台，为中冶集团立足昆明、面向云南，开拓市场、抢滩布局发挥了重要作用。

（中冶南亚　高　堃）

河静钢铁，实现世界百年梦想

5 年实现百年梦想，“国家队”跃进“世界队”。

现代钢铁工业发展 100 多年来，新建千万吨级大型钢厂是全球先进钢铁技术商想实现却又难以实现的梦想。

2012 年，中冶承担台塑越南河静千万吨级钢铁联合企业全流程设计与建设，令全球瞩目。“欧洲人都没有成功案例，你们中国企业就行?”竞争中出局的日欧供应商纷纷等着看“好戏”。

“用实力证明中国冶金建设‘国家队’是一支‘世界队’”。承担工程设计和主体单元总承包建设的中冶赛迪集团有限公司（简称中冶赛迪）团队暗下决心。

5 年来，上百位赛迪职工奔赴毫无工业基础的海滨小镇，用智慧和心

血开辟钢铁新事业。他们经受着常年40℃高温的考验，克服了长期背井离乡的困难，团结度过了“5·14”之劫，凭借独占鳌头的核心技术和全产业链整合能力，在东南亚铸造起世界冶金建设新标杆。

设计精细。中冶赛迪不仅首开千万吨级绿地钢铁系统设计先河，还为业主提供项目建设全面咨询。数字化总图管理、三维设计、仿真分析及多次的方案优化，保证了设计质量，提高了施工效率。60年钢铁技术砥砺钻研，数千项工程经验深厚积淀，赛迪人干大工程淡定若“烹小鲜”。

技术装备精良。2座4350m^{3}高炉全部采用中国标准、中国技术，90%装备整体成套出口。被喻为高炉皇冠明珠的无料钟炉顶，打破国外数十年技术封锁，扫清了大高炉“走出去”最后一道屏障。每年节约耗煤14万吨、减少二氧化碳排放60万吨、人均劳动生产率提高3倍，处处彰显中国企业的环保宗旨。

建设巧夺天工。具有国际水准的质量要求和管理方法贯穿工程建设全过程，施工管理表单化、数据化、信息化，铸就精益求精的高品质。高炉炉体打压试漏，仅发现6个焊缝漏点，而一般情况下一千个左右漏点都算正常。百倍差异背后，是项目管理成百上千倍的用心。

5年时间，越南河静永安区，已从贫瘠滩涂华丽变身经济重镇，河静钢铁开始改变世界钢铁产业格局。仅仅5年时间，中冶就实现了钢铁行业

的百年梦想，不仅建成了一座千万吨级联合钢厂，还带动中国钢铁产业设计、施工、装备制造、生产运营服务全系统输出。

河静钢铁总体规划世界一流、技术指标全球领先，让曾经不屑一顾的欧洲同行为之喝彩。日本 JFE 盛赞："中冶赛迪有着顶尖的钢铁工程技术，中国钢铁技术值得尊重!"

（中冶赛迪　陶海银）

高效勘测，亮丽沈勘品牌

三百千米四个月，高效还看沈勘人。

2017年2月3日，正值万家团聚、欢度春节的时刻，我和同事们来不及回味“年”的味道，已悄然乘上了去往柬埔寨的飞机，迎面扑来30℃以上的高温，犹如我们的工作热情一般炙热，开始了新一年的征程。

此次出行，时间紧，任务重：由柬埔寨3号公路工程初设阶段测量勘察（135千米）、柬埔寨11号公路项目施工图测量（100千米）、柬埔寨1551号公路延长公路（65千米）的初设阶段测量勘察构成，总工期预计120天。

项目连续交叉，工作开展需要周密部署，要克服环境、高温的考验，更需加班加点，每天至少工作到晚上11点，经常因急需的中间资料，而通宵加班。为了效率更高决定采用新技术支持，即先进的无人机航测技术。

项目开展初期，项目组多次开会研究、讨论，制定工作方案，对人员计划做了周密的安排。在工期紧、任务重、技术人员短缺的情况下，测量组准备采取技术先进、效率极高的无人机航测作业方式。结合该项目特点，以及在中冶沈勘工程技术有限公司（简称中冶沈勘）领导的大力支持下，以最短的时间采购了续航时间长、机身稳定性高、便携耐用的DP150无人机及附属软、硬件设备，为项目的顺利完成提供了有力保障。

2月3日，前期筹备组进驻柬埔寨3号公路项目现场，用时6天完成现场踏勘、后续工作筹备及控制测量埋石工作（141个）。

2月9日，后续控制组进驻现场，及时开展控制测量，保证后续航飞、老路边线测绘及设计布线、勘察地调用图需要。同时，前期筹备组进驻11号公路现场，仅用时9天，完成了现场踏勘及160个控制点的埋设任务，为后续控制组作业提前做好准备。

2月18日，航测组、地勘组进场。19日设备调试，20日开始航测3号公路。历时5天，完成了全线的航测任务，航测内业组24小时不间断处理数据，每天工作时间不低于16小时，及时为地勘组、设计方提供正射影像资料。如采用传统地形图测量方案，3号公路135千米1:2000地形图测量，在现有人员力量的情况下，需3个月时间。而采用无人机航测方案，立体测图加调绘，仅用时34天。于3月底完成全部外业工作，并在4月5日提交最终成果资料，圆满地完成设计及地勘的任务。同时，水准组、控制组完成了对11号公路的外业观测，为无人机航测及后续工点测量、纵横断面测量等提供了起算依据。

3月1日开始，进行11号公路航测，历时6天16架次，完成航测外业任务，同步进行了数据处理，于4月中旬完成了11号公路1:2000地形图测量工作。5 月 23 日完成线路中平、纵横断面测量、工点测量、水深测量等外业工作，6 月初提交全部成果资料。

4 月 20 日，前期筹备组进驻 1551 号公路延长线现场，此项目为 3 个项目中最难的一个，设计线位 70% 无路可通，处于“无人区”。最远距离旧路 3.5 千米，且均位于植被茂密的原始森林和泥泞的荒地上，控制测量组 1 天仅能埋石 2 个，物资设备运输基本靠摩托车和人力。线路中通行不便，居住为临时吊床，餐食为自带咸蛋、咸鱼、饼干等能暂存几天的食物，工作人员进入工地基本无路，使用“布朗”（当地一种越野能力极强的四驱车）、摩托车和徒步方式作业，且多处无手机信号，给项目推进带来极大的难度。项目组竭尽全体参建人员之力，终于在 5 月 30 日完成全部测量、勘察工作。

白天航飞，夜里处理数据，第一时间为设计和勘察组提供正射影像资料，有力地保证了设计的布线及勘察的地质调绘。历时 17 天，完成无人机航测 48 架次。总用时 23 天，提交 300 千米正射影像成果。共计用时 84 天，完成 300 千米线路的地形图航飞、立测、补图及矢量化成图（这是传统测量半年都难以完成的工作量）。

经过近 4 个月的艰苦作业，在工期紧、任务重、技术人员紧缺的情况下，圆满完成了任务，受到了业主的一致好评，树立了良好的中冶沈勘品牌形象。

（中冶沈勘　于大鹏）

在天津核心城区打造“中冶蓝”

中冶蓝，中冶打造；风景靓，品牌更亮。

在天津市快速路河西区黑牛城道北侧、紧邻天津市全运会主干道旁，有一大片全钢式爬架“中冶蓝”的靓丽风景，给来来往往的天津市民强烈的视觉冲击。承担这项工程建设重任的就是中冶天工集团有限公司（简称中冶天工）七贤南里项目的建设者，他们用精品工程展示了央企重铸国家实力创新发展的中冶品牌形象。

七贤南里项目占据天津市政府统一规划的新八大里核心城区繁华地段，总占地面积 8.26 万平方米，总建筑面积 49.5 万平方米。工程包括 1

栋高度104.7米的19层办公楼，2栋高度分别为102.1米、105.1米（29－30层）的公寓楼，以及4栋配套公建等建筑物。项目组建伊始，项目管理团队牢固树立“精心擦亮中冶品牌，用心打造中冶业绩，争做八大里第一人”的工作目标。在实施过程中全面推行中国中冶标准化工地要求，严格落实集团公司CI标识，积极推进中冶集团战略新定位长期坚持走高技术建设之路，把每一件不同的建筑产品都打造成独一无二的精品之作，用独到的匠心，把对建筑产品的感受、审美、创新发挥到极致，执着于专业，精细于品质，打造一支勇于创新的技术团队。在精细化管理中，把“零初始”公式作为团队精神，把“勤于学习、尽职尽责、有效沟通、勇于担当、严于执行、积极合作”贯穿于工作始终，立足岗位，确保了工作目标和责任的落实。

项目团队打破传统思维壁垒，建立起能够适应新时期、新环境的管理模式。根据当前建筑市场形势和自身特点，建立一套特有的“123工作法”，在满足施工要求的前提下，通过人员保证和工序控制，再辅以技术措施、质量措施和精细管理措施，实现降本增效的工作目标。同时，在施工方法和材料使用上大胆创新，选用全钢附着式升级脚手架，不仅保证了施工安全，同时在天津核心城区打造了一道“中冶蓝”的靓丽风景线，对

沿黑牛城道北侧效果图

提升央企品牌形象起到重要作用。在该工程过街楼钢构施工中，引进3D扫描等前沿科技，将构件元素化、集成化，通过3D模拟拼装，将钢构件安装精度控制在2毫米以内，保证了安装质量要求。

不懈的努力终将获得回报。项目施工管理受到天津市政府重点工程指挥部的高度评价，通过了天津市文明工地和全国AAA级安全文明标准化工地评审及天津市海河杯优质结构认定，获得2017年天津市“工人先锋号”以及中国五矿集团“百强班组”的荣誉称号。

（中冶天工　王胜杰）

南极科考中的“中冶力量”

中冶品牌闪耀南极。

2014 年 10 月 30 日，我和王家清有幸作为中国南极科学考察队 31 次队的队员，代表中冶集团武汉勘察研究院有限公司（简称中冶武勘）参与南极科考，完成中国南极中山站新建卫星地面站和中国新建维多利亚地科学考察站两项勘察任务。这也是全世界在南极大陆开展勘察岩芯钻探工作的第一次。

2014 年 12 月 1 日，当我们穿上带有国旗标识的中国南极科考队队服，登上中国南极中山站时，我感觉到自己的血液都在沸腾和燃烧，更加深刻

地领悟到领队袁绍宏之前讲话的含义：当我们登上南极时，我们代表的就不仅仅是中冶武勘了，我们更是一支代表着中国的国家队。

在我们的记忆中，第二站维多利亚地的任务尤为艰巨。我们需要自己搭设营地，在没有站区和“雪龙号”后勤支撑的情况下独立在难言岛上生活、奋斗 10 天。在表层铺满最大直径达 2.0m 的漂石形成的起伏不平的勘察场地上，钻探设备移动是极其困难和危险的；而且，我们每天还要承受足以将一棵大树连根拔起 8 级以上的强风！但是，我们并没有被困难吓到。最终，我们凭借着顽强的意志，克服了重重困难，在仅有的 7 天里，完成 11 个钻孔、1 个挖探孔和约 1 平方千米的地质调绘工作，采取近 20 箱的岩芯，安全、顺利、圆满地完成了新建维多利亚地新站的勘察任务。

在难言岛上，王家清累得腰直不起来，我的嘴唇也被下降风吹成了“香肠嘴”，同行的队员给予大量帮助，才使我们在短时间内完成极其繁重的任务。沈鸿涛高级工程师和陆志波教授在完成自己任务的同时，还客串着我们的钻探孔前小工；何中华、树来根为我们提供良好的后勤保障，让我们能够吃上热乎乎的饭菜，睡上暖烘烘的觉；当我们每完成一个钻孔、需要移动钻探设备的时候，只要叫一声“要搬家了”，在营地的所有队员

都会放下自己手中的工作，第一时间赶来帮助我们。平常情况下，30 米的钻孔间距，只需 3 个人 10 分钟就能完成的任务，在南极需要至少 9 个人 1 个小时才能完成。但我们硬是用中国力量，扛下了如此艰巨的任务。

从 2014 年 10 月 30 日“雪龙号”离开上海港后的 80 天里，我们接受了习近平主席在澳大利亚霍巴特的亲切接见，感受了台风“鹦鹉”“魔鬼西风带”的魅力，度过了“雪龙号”穿越赤道的兴奋时光，也见证了南极大陆冰山雪原壮美而瑰丽的极地风光。感谢这次的南极之行，它让我们更深切地感受到作为一个中国人的自豪，作为一个中冶人的骄傲！

（中冶武勘　徐勇　胡飞）

超级显微外科的崛起

特色医术，妙手回春。

断指再植、手指再造和游离皮瓣移植是上海中冶医院特色诊疗、优势专科，已达到国内先进水平，在宝山区内小有名气。

坐落在宝山区富锦路900号的上海中冶医院富锦路分院，主要从事四肢创伤、烧烫伤的治疗与修复重建，是目前宝山地区唯一开展游离皮瓣手术、手指再造的医院。手外科学科带头人苏波院长师从我国著名手外科专家程国良教授和我国烧伤整形创始人方之扬、王文正教授，承担国家"85"自然科学基金重大课题《烧伤创面研究－人工皮研制》、国家自然科学基金《皮肤移植的免疫耐受诱导》、军队重点课题《皮肤移植的免疫诱导临床基础研究》等，作为主要研制人员曾获国家科技成果三等奖、上海市科技进步二等奖，多次获临床医疗成果一、二等奖以及优秀论文奖等，发表论文40余篇。2014年，苏波院长荣任上海市烧伤科临床质控中心专家委员会委员，中华医学会上海市烧伤专业专家委员会委员，中国金属学会冶金安全与健康分会烧伤外科专业委员会常委。

目前，医院开展了断指（趾、肢）再植；拇、手指缺损再造，指甲、指端缺损修饰性再造；正中神经、尺神经、桡神经损伤伴手功能障碍的显微外科修复；神经、肌肉转位及重建手的功能；手足的肌腱断裂、缺损和粘连伴肢体活动受限的显微外科修复；皮肤缺损、溃疡、骨外露的各种皮瓣修复；外伤后手部畸形矫正、功能重建；先天性畸形矫正，儿麻后遗症矫正；手部感染、肿瘤等各种疾病的诊治等高难业务。每年手外科接诊断指100余例，手指缺失再造100余例，成活率在98%左右。手外科自2003年开展游离皮瓣手术以来，已累计完成游离皮瓣移植120余例，成活率在98%。

（中冶医院　王艺蓓）

中冶·盛世滨江，延续一段城市记忆

“老南京”的期许，中冶人的情怀。

在南京，有一个地方，在历史的长河中，曾留下过浓墨重彩的一笔，它的名字是下关。2013 年，鼓楼、下关两区合并，组成新的鼓楼区。下关，这个使用了百年的名字也就此走进历史深处。在老南京人的记忆中，下关是和码头、铁路、长江、大桥等关键词联系在一起的。下关昔日的繁华随着它的名字一起被永远封存在了一代人的记忆中，陈先生就是其中一位。

陈先生说：“我 5 岁来到南京，之后在天妃宫小学读书，老下关在我的印象中就是熙熙攘攘的，跟现在的差别很大。小时候经常在江边玩耍，

来回穿梭于小巷中，会碰见形形色色的人。南京西站偌大的候车大厅、长条椅和三四条通道给我留下了深刻的印象。”这或许就是大部分“老南京”眼中的下关，各种各样的批发市场、四号五号码头、泛黄的长江水、轰鸣的船笛声……

城市发展的车轮总是滚滚向前，不曾为谁停下。随着南京拥江发展战略的进一步实施，曾经的下关，现在的鼓楼滨江，正经历着翻天覆地的变化。

“月是故乡明”，很多人都有故土情结，陈先生也不例外，所以在后来改善住宅时陈先生毅然决然选择了鼓楼滨江这一片区。在经过多番比较后，他最终选定了由央企中冶置业集团打造的中冶·盛世滨江。

2010年，作为国资委首批16家经营房地产的央企之一，中冶置业以城市运营商的情怀和魄力揽下南京下关1、3地块，开启了城市改造的宏伟规划。说起为何选择中冶·盛世滨江时，陈先生给出了他的理由：“央企品牌，值得信赖!”

为了筑就鼓楼滨江城市复兴，在区域产业定位和规划设计中，中冶置业力邀世界级建筑设计精英团队，以数十年深耕世界城市地标级案例的行业经验，鼎力雕琢鼓楼滨江商务区。而事实也证明陈先生的选择是对的，2016年5月，中冶·盛世滨江首次开盘，推出330套房源，3小时售罄，

上千组客户现场抢房。市民对中冶品牌及项目价值的认可不言而喻。

“立足现在，我常常会想象今后的生活——站在阳台上远眺长江，感受江风缓缓吹过的清新。傍晚漫步江边，看着华灯初上的城市，看着鼓楼滨江的别样江岸线。”这就是陈先生，一位对老下关仍留有念想，却对下关的未来寄予无限期望的“老南京”。

城市开发，绝不仅仅是单一韵律的拆迁乐章，而是有着久远影响的时代交响。也许在时代的发展中，我们只是其间的一粒沙子，面对周身沧海桑田，纵然怀揣着对于过往的不舍，却也愿意坦然拥抱变化，愿意饱含对未来寄托旁人所不能及的深情。

（中冶置业　吴宏晨）

二　美誉度篇

有志者事竟成

留守的花季　涅槃的人生

神奇的小针刀

中国第一个世界技能大赛冠军

铸企业品牌　树路桥标杆

在地中海岸讲述中冶品牌故事

央视记者眼中的中国二十冶海外品牌形象

设备欢歌我欢唱

向着鲁班金像目标奋勇前进

“命运之轮”驶向新的彼岸

……

《星云》 黑白木刻　傅树清

有志者事竟成

差异化，特色化；零起步，大踏步。

1999 年 9 月，伴随着上海中冶医院的重组成立，骨科从外科系统中分离出来，独立成科，从此走上了一条不平凡的艰苦创业之路。

刚成立时骨科只有十几张床位，几乎什么设备都没有，很少有医生愿意加入骨科队伍，但是骨科有信心做成医院的品牌科室。骨科医护人员把科室当成自己的家共同呵护，一个个规章制度建立起来，一个个新技术开展起来，终于迎来了一面面感谢锦旗，骨科的事业逐渐红火起来。

2001 年，时任上海市卫生局刘俊局长来医院调研工作，看到刚刚成立两年的骨科可以开展很多高难度的手术，欣然题字“开拓创新，攀登高峰”以示勉励。骨科的广大员工不负众望，在杨国庆主任的带领下，吃苦耐劳，甘于奉献，开拓创新，攀登高峰的科室文化逐渐形成。随后，搭建优秀人才梯队，学习新技术、引进新项目，与各大医院建立稳固的合作关系，参加各种国内学术会议等，着力打牢骨科的基础。

宝山区是上海的人口大区，又是市内的重工业基地，各类骨科创伤及疾患的诊治任务繁重，于是，骨科科学定位，走上“科有特色、人有专长”的差异化发展道路，细化成立关节、脊柱、创伤、手足、疼痛、骨质疏松等小组，研究特色技术。早年，骨科超高龄老年人的骨折手术治疗非常有特色，大大地降低了高龄老人的病死率及病残率。最近 5 年，开展超高龄（年龄大于85岁）老年人骨折手术已达180余例，最高龄老人实施手术时已有106岁，挑战了学科手术的年龄高度，《新民晚报》、《宝山报》等媒体争相报道。近年，骨科又认准了微创品牌的打造，引进了系列新技术、新特色诊治方法，还开创了“一站式服务”方式，再次让病种、科研、效益全面提升，发展后劲十足。2016年，骨科获得了中国五矿百强班组的荣誉称号。

“伤筋动骨找老杨”，这是周边老百姓的“口头禅”，也是得以杨国庆为首的骨科团队所享有的口碑。有志者事竟成，骨科经过这些年的不懈努力，无论是规模还是技术水平，都已经处于同级医院前列，成为中冶医院特色品牌。

骨科的明天更辉煌！

（中冶医院　朱　红）

留守的花季　涅槃的人生

温馨、悉心，白衣天使礼赞。

这是一个平常的工作日下午，妇产科病区像往常一样紧张忙碌着。这时一对母女走进妇产科病区，母亲40多岁的模样，头发凌乱，精神憔悴；女儿大约14岁，扎着马尾，面容清秀，但眼神总是躲闪，透着一丝丝的惊恐……这样的一对母女一出现，立即引起了医护人员的注意，医生立即上前接诊，小心谨慎地询问病情，一开口，这位母亲就哽咽了……职业的警觉告诉我们这是一对有特殊故事的母女。为了保护患者的隐私，我们为她们安排了一间单独的诊室，一边温暖地安慰，一边耐心地引导，这位母亲平复了情绪后，告诉了我们一个让我们都沉默的故事……

这位母亲说道，她的女儿萌萌今年14岁，上初二，一直和爷爷奶奶生活在一起，因为他们夫妻都是冶建单位的，需要常年在外地施工，少则俩月多则半年才能回家探望老人和孩子一次。萌萌是个很懂事的孩子，平时的生活学习都安排得很好，她不但能照顾好自己，还会照顾爷爷奶奶，从不让父母操心。谁知，厄运会降临到这样可爱的小姑娘身上，萌萌受到她好朋友的哥哥的侵犯，事后她不敢告诉任何人，受这件事影响她精神越来越不好。家人发现其异常行为后，带她到医院进行了全面的检查，结果发现孩子怀孕快2个月了……今天来中冶医院妇产科，就是冲着医院有一位专门做计划生育手术万例无事故的专家来的，是特意来寻求帮助的。

听完这些，大家内心五味杂陈，有气愤，有怜惜，有心痛……考虑到问题的严重性，我们立即向妇产科主任彭文汇报，主任了解情况以后，站在医者和为人父母的角度一边耐心地开导，一边帮他们想办法解决问题。在征得患者和家属的同意后，我们把情况汇报了给医院领导，院领导高度重视，联系区妇幼保健院，选派从事计划生育工作20余年的张晋玲医师负责萌萌的手术。张晋玲医师连续8年获得宝山区计划生育千例无事故奖，2014年还获得宝山区计划生育万例无事故奖。为了最大限度地减轻萌萌的痛苦，我们联系麻醉科主任毛德志为萌萌做无痛静脉麻醉。为了尽最大的努力减少手术中及手术后可能发生的并发症，医院还协调功能科主任索永刚为萌萌做术中及术后的B超监测。在区妇幼所领导、院领导及妇产科医务人员的全力帮助下，萌萌接受了无痛人流术，手术很顺利，术后35天萌萌恢复了正常的月经，各项检查都很正常。区妇幼所积极帮助萌萌报销了所有的医疗费用，还为其提供了法律援助，让罪犯受到应有的惩罚。

萌萌术后，我们也没有忽略萌萌心理上的康复，每天都安排护士和医生去和萌萌聊天，慢慢打开小姑娘的心结，告诉她我们的人生总是有一些不可控的因素，当我们无法改变时，我们就要积极乐观地面对，更要把这独一无二的人生过得与众不同！渐渐地，萌萌的话多了，脸上也有了笑容。出院的那天，萌萌拉着我们的手，说，等身体好了，就回学校好好学习，以后长大了也要做像我们一样温暖的白衣天使！

（中冶医院　查　媛）

神奇的小针刀

完美针刀结合，患者康复福音。

上海中冶医院中医骨伤科综合运用多种治疗手段，在保留发扬传统中医适宜技术基础上，灵活应用开发中西医结合技术，以颈肩腰腿痛的阶梯治疗、骨与关节创伤康复治疗、骨关节炎等的治疗为核心，开展“针刀微创闭合松解术”。带头人周勇忠主任应用11项特色技术，通过中西医结合治疗，在治疗颈肩综合征、中重度膝骨关节炎、颈源性头痛、腰突症、关节僵硬等方面取得良好效果，深受广大患者的好评。

2013年12月，120救护车送来一位特殊的患者：老人家头发花白，面色枯槁，满脸的皱纹记录着生活的沧桑。由于疼痛，瘦弱的身体像虾米样蜷卧在床，老人家一直皱着眉头，偶尔发出低声的呻吟。这位彭阿婆，70岁，生有三儿一女，辛苦操劳了一辈子。3年前，一直身体还算健康的老人开始周身疼痛，逐渐加重，后来连翻身坐起也很困难，女儿带着老人看了不少医院，中药西药吃了一大堆，疼痛不但没有缓解，反而日见加重，严重影响睡眠。子女们接老人到上海医治，诊断为严重骨质疏松症、多节段椎体陈旧性压缩性骨折、脊柱退变侧弯畸形。但是老人全身情况差，不适合手术，建议还是通过药物治疗和物理治疗缓解症状。

手术不能做，吃药理疗又没效果，正当一家人束手无策时，听人介绍上海中冶医院中医骨伤科治疗颈肩腰腿痛有奇招，抱着试一试的心态就来了。周勇忠主任热情接待，详细询问病史并查体后，说：“阿婆，我们有办法治您的病，您放心，不过您现在身体底子有点差，先用中药调理一周。”周主任很有信心地对老人说：“保证让您重新站起来！”

一周后，彭阿婆全身依旧疼痛，但气色明显好了许多。针刀治疗如期进行，周主任在患者胸背部6个点进行了针刀治疗，消毒、铺巾、局部麻醉、针刀松解，整个治疗20分钟一气呵成。治疗后第二天，彭阿婆高兴地告诉周勇忠主任，3年来睡了第一个好觉，上半身松快了，太舒服了，现在在床上能翻身自如了。

首战告捷。一周以后，第二次手术对患者胸椎右侧小关节处等9个点进行针刀治疗，整个治疗30分钟完成。治疗后第二天一大早，彭阿婆就守在周主任办公室门口，她开心地告诉病区的每一个人，她可以下床、可以站起来了。

再接再厉，乘胜追击！在第三次对患者右侧骶髂关节处及右髂骨翼下缘臀肌附着处10个点进行针刀治疗后，彭阿婆可以自如地下蹲、起身，行走步态基本恢复正常，老人家的胸腰部也挺拔了不少，彭阿婆高兴地对女儿说：“跟做梦样的，真没有想到我能好起来。针刀真是神奇，3次治疗就治好我3年的病。早知道的话就不用死去活来痛3年啦！”

其实，不同的神奇在中冶医院中医骨伤科不停地演绎着。新疆支边返沪的马阿姨在针刀治疗完颈肩痛后，20年头痛眩晕的老毛病也痊愈了；3年不能穿衣梳头的孔阿姨在针刀治疗后，严重的右肩周炎冻结肩治愈了，又能打太极拳、跳广场舞了；普陀区的顾先生因为车祸左小腿骨折手术后一年，遗留左踝及左足背小趾麻木疼痛，常常睡眠不安和烦躁，经过2次针刀治疗后所有症状全部消失；中冶某公司的张师傅因为工伤右肱骨近端粉碎性骨折手术后遗留右肩关节外展后伸活动严重受限，非常担心不能重返技术岗位，经过2次针刀治疗后关节活动度恢复接近正常，重新干上了安装工的老本行……类似的病例不胜枚举，更多的病人慕名而来。

（中冶医院　袁志强）

中国第一个世界技能大赛冠军

中冶强，中冶焊工强。

2015年，代表中国队参加第43届世界技能大赛的中国十九冶集团有限公司（简称中国十九冶）员工曾正超，以焊接项目总分第一，为中国摘取了在世技赛上有史以来的第一枚金牌，并被世界技能组织评为中国队唯一一个国家最优选手奖，为中国在世技赛实现金牌零突破画上了浓墨重彩的一笔。

1995年，曾正超出生于四川米易县一个偏远山区的贫困家庭，初中毕业时选择到中国十九冶攀枝花技师学院学习焊接技术，希望学一门手艺养活自己，孝敬父母。毕业后的他，进入中国十九冶成为一名焊接工人，凭借在工作、训练中的优异表现，过关斩将，从四川到全国比赛再到国家集训队，曾正超成长为世技赛中国代表队唯一的焊接选手。

2015年8月11日至16日，有着世界技能奥林匹克之称的第43届世界技能大赛在巴西圣保罗举行。8月12日，身穿中国队服的曾正超与来自38个国家的焊接高手展开对决。

每一天的比赛，焊接服里的汗水从头流到脚，每天的焊接进程，曾正超都准确把握时间和节奏，从外观到焊接点，都力求完美。精力高度集中，有些焊接点需要长时间保持一个姿势，手不能有丝毫的抖动，有时焊接下来，他都感觉不到手的存在了。

第二模块压力容器的焊接，是比赛的难点，也是拉开比分的重点。面对该模块较多的焊接位置以及需要应用许多焊接方法，他进行每一层焊缝都似“绣花”。手工电弧焊、钨极氩弧焊，每进行一种焊接，曾正超都做到精益求精，甚至连呼吸都控制在相应的频率和力度之内……

历时4天，长达18个小时的焊接项目比赛于2015年8月15日结束。来自39个国家的40名裁判，经过压力测试、射线探伤评判后，曾正超以总分第一问鼎世技赛之巅。

“曾正超，China!”在一片掌声和欢呼声中，这名身披五星红旗的中国青年站上了“技能奥林匹克”的冠军领奖台，这时的他，开心地笑了起来。

1984年，许海峰在洛杉矶奥运会上一枪定乾坤——获得世界冠军，从此，中国走上了体育强国之路；2015年，曾正超凭手中的焊枪，夺得世界冠军，中国焊接技能登上了世界最高峰，技能强国的中国梦向世人徐徐展开。

（中国十九冶　罗　珣）

铸企业品牌　树路桥标杆

——中国十七冶路桥工程技术公司兰州北滨河西延线工程项目纪实

用心筑路，无愧标杆。

兰州市北滨河西延线工程是连接安宁片区、西固片区、河口组团及兰州国际港务区的重要城市道路工程，对提升兰州节点在丝绸之路经济带中的交通地位具有重大意义。该项目路段全长1560米，涉及路基高边坡支护、蛤蟆滩特大桥等重难点工程。

2016年6月开工以来，项目部积极创建省级标准化工地，施工现场配置洗车台，进行湿法作业，覆盖裸露土方，硬化施工便道，材料标识清晰分明；同时项目经理部组织员工随时清理现场垃圾，推行青年员工试验田，做到“场外景观化，场内标准化”。长期的坚持让习惯符合标准，让

标准成为习惯，他们在母亲河——黄河河畔勾勒出了一道靓丽风景！

项目以争创甘肃省“飞天奖”为质量目标，抓源头、抓过程、抓细节，强化现场管理和过程控制，采用新材料、新工艺及先进管理办法。预应力张拉压浆采用智能控制系统，砼采用喷淋养护，钢筋加工实施样板引路，箱梁钢筋笼绑扎采用标准胎膜架，利用桁架进行整体式吊装。同时，推广应用BIM技术，进行可视化技术交底，辅助物资管控，执行碰撞检测，优化钢筋排布方法。

项目经理部始终贯彻“安全第一，预防为主，综合治理”安全管理方针，定期开展安全隐患大排查，以危险性较大的分部分项工程为重点，采用数字监控系统全方位、全时段进行安全监控。同时，开设农民工业余学校，落实劳务人员实名制管理办法，临时道路两侧设置安全围栏，场内配置消防器材柜、安全宣讲台，生产区域标准化隔离，实行门禁管理，临时用电由专人负责。

2017年6月20日，项目经理部成功举办了近500人参加的兰州市城乡建设局市政工程安全质量文明施工标准化现场观摩会，参会单位210家（其中央企45家）；7月1日，通过甘肃省建筑协会“文明标准化工地”

验收工作，被兰州城乡建设局主推为2017年二季度唯一一家建设工程守诚信单位。

迎难而上，自强不息，用心铸造精彩世界！挥洒激情，张扬理想，我们正值创业青春！

兰州北滨河西延线工程项目部是一支以80后为领导层、90后为主力军的年轻团队，在广袤的西北大地上不断超越，安全文明施工、工程进度、质量管理等工作都走在兰州市市政公用工程的前列，为公司在兰州的发展树立了良好的口碑。

（中国十七冶　邱曙光　师利纳）

在地中海岸讲述中冶品牌故事

闪亮的品牌，实力的象征。

多年来，中冶人不仅用坚韧和奋进诠释着中冶品牌的内涵，也在用心灵记录和讲述一个个扣人心弦的故事，展现中冶精神的力量，铸就更加辉煌灿烂的明天。

田冰，一名90后女孩，自成为中国二十二冶职工，便义无反顾奔赴地中海岸，奋战在阿尔及利亚奥兰四万人体育场项目的施工一线。在这里，她深切感受到中冶品牌在当地的影响力，看到每个中冶人都在用实际行动践行“一天也不耽误，一天也不懈怠”朴实厚重的中冶精神，以及那些为梦想的义无反顾，为实现目标的并肩作战，都使她为拥有“中冶人”这个名字而感到骄傲和自豪。于是，她经常拿起笔，记录下每个拼搏和感人的瞬间。

她经常与材料员老王外出采购。按照要求，项目材料必须根据设计图纸上指定的型号购置，但是很多材料在当地并不常见，他们不得不经常驱车跨省，在各地奔波，即使再难，也要想尽办法按期购买到所需材料，确保工程进度，为在海外擦亮中冶品牌竭尽所能。

一次，在购买水泥的过程中，他们被告知需要办理水泥指标才能购买，这使他们措手不及。几番辗转，终于办下了水泥指标。为了节省时间，他们雇佣当地的一位司机帮忙排队购买水泥，但对方有急事出差，并不愿意代为购置。她和老王向对方说明项目急需的实际情况，当对方得知是为奥兰四万人体育场项目采购时，便激动地说："中冶实力，没问题。MCC 厉害。我愿意帮忙。这是造福当地的亮点工程，大家都期盼这一地标性建筑能够尽快完工。"

这件事深深地震撼和感染了田冰，于是她写下《在阿尔及利亚买水泥》故事。2017 年 6 月 21 日，由国务院国资委新闻中心、中央企业媒体联盟主办的"一线故事"第三季发布会上，这个故事脱颖而出，被获评为优秀作品奖，成为中冶品牌实力在"一带一路"建设中的见证。

每个中冶人都是企业品牌的诠释者，大家坚守在各自的岗位上，用不同的方式建设和打造企业品牌，让品牌力量，赢得世界舞台。

（中国二十二冶　王　旭）

央视记者眼中的中国二十冶海外品牌形象

因地制宜结情谊，关系融洽传佳话。

2013 年 9 月 30 日，中央电视台驻新德里记者站首席记者王建兵率随行摄影师来到中国二十冶印尼 SMI 矿区进行采访，他此行的目的是想了解走出国门的央企与异国雇员的关系融洽程度如何。

在施工现场，印尼当地雇员 Wayan Meles 饶有兴趣地接受了王建兵的访问。他说他老家在巴厘岛，到这里工作 6 个月了，他的两个儿子一个儿媳及他本人全在中国二十冶工作。他说：Awal dating dari Rumbia，setelah itu telah diganti jadi Atap seng（印尼语，意为：来的时候，我的家是茅草屋顶，现在是铁皮屋顶，再过一年我家要盖新房子了）。王建兵问：Semenjak bekerja disini bagaimana（在这里工作如何）？他回答：Senang（快乐）。

正在搅拌站现场忙碌的 Abdul Kadir 面对摄像机，也谈了自己近期的一些感受。他说他的家人及亲属目前有 20 个人在中国二十冶工作。他原来是公务员后来由于种种原因失去了工作，他说中国人很好，在这里就像个大家庭，他希望在这里长久工作下去。

采访中，王建兵了解到这样两个小故事。9 月，运输队一名印尼员工因病去世，中国二十冶项目部给其家属送去抚恤金表示安抚。一名叫 Kade Saniasa 的木工班长，刚由 SMI 转到项目部时大家都不愿意留用，恰巧这时项目部要对印尼员工进行调整，项目部领导适时将其留在后勤当班长。他

SANY

不仅技术好，人品更佳，他带领的人不仅能保证工作时间，而且绝不混时间，渐渐的所有人都对 Kade Saniasa 刮目相看。印尼员工在施工现场偶尔不慎遇到小伤小害或家里遭遇不幸，中国二十冶项目部都及时送其就医，随后带上慰问品探望。通过采访，当地雇员与中国企业的融洽程度着实让王建兵记者惊讶不已，他说："中国二十冶与印尼当地雇员真是因地制宜结情谊啊！"

（中国二十冶　李国旗）

设备欢歌我欢唱

技术高超，匠心独具。

冷！好冷！青海桥头铝电熔铸车间熔炼炉设备安装工程施工现场，因厂房没有完全封闭，四面灌风。即使穿着厚厚的棉服，戴着棉线手套，寒气也直侵入骨，然后慢慢地在身体内扩散，云利平感觉血液也凝固了，整个人好像马上就成冰块了。

他熟练地安装、紧固、测量、调整着液压缸升降系统上的每一道螺栓。这样的螺栓共有两圈，每圈 36 个，两圈 72 个。青海桥头铝电工程总承包单位是挪威海卡斯特公司，全部设备均从挪威进口。这是冶金工程技

术公司与挪威海卡斯特公司首次合作的项目，同时也是冶金公司夯实青海市场的“样板”工程和与挪威海卡斯特公司建立信任关系、长期合作的“敲门砖”工程。工程干得好坏，对冶金公司至关重要。

云利平个子不高，身材也够不上伟岸，但他却是蒙古族“资深”钳工，从事钳工30多年来，练就了一身过硬的本领，已是高级技师、中冶先进生产工作者、包头市和中国二冶劳动模范。把“活儿”交给云利平，大家放心。阴冷的厂房中，云利平和工友正用水平仪对螺栓精度进行一次次调整，全然顾不上寒气入侵。这次安装调整的液压缸升降系统两圈72个螺栓，横向、纵向中心精度要求非常高。精度最终是否符合标准，直接决定着日后整条生产线能否顺利生产。

一小时、两小时……他们仔细分析每一次测量结果，计算垫片的加减量。最后一道螺栓调整结束后，云利平放下手中的水平仪，站起身，伸了伸已经僵硬的腰，深深出了口气。

测量数据呈现到挪威外方专家眼前时，外方专家脸上满是怀疑，对此并不认可。他们拿出从国外带来的精密仪器进行现场复测验收，仪器的电子屏幕上，当显示的水平度、高差跟图纸上的数据完全吻合没有半点误差时，外方专家不禁开心地哈哈大笑，伸出大拇指连声说：“OK！OK！”

2016 年 4 月，青海桥头铝电熔铸车间熔炼炉设备安装工程由于工程进度快、质量过得硬、服务态度好，所承担的全部机电设备安装任务圆满完成，获得总包单位挪威海卡斯特公司的卓越奖。此时，云利平笑了，每当看到自己参与施工的生产线设备欢快地运转起来时，他内心就会唱起欢快的歌。

（中国二冶　张静娟）

向着鲁班金像目标奋勇前进

——中国华冶承建安徽金安矿业草楼铁矿扩建工程荣获“鲁班奖”

“草楼建设”功不可没　“鲁班金像”志在必得。

中国华冶科工集团有限公司（简称中国华冶）在2014—2015年度中国建设工程“鲁班奖”（国家优质工程）表彰大会上，因承建的安徽草楼铁矿300万吨/年扩建工程出色业绩，捧回“鲁班奖”。这是中国冶金矿山建设史上获得的首樽“鲁班金像”，填补了全国冶金矿山行业无此奖项的空白。

坚定目标，虔诚执着

当中国华冶承建该工程时，公司领导班子以磅礴之气确立勇夺中国建设工程最高荣誉“鲁班奖”目标，承建单位则以华冶人坚韧不拔的性格和艰苦奋斗的精神，向着“鲁班金像”目标奋勇前进。公司以完善工程质量管理体系来掌握主动权，通过严细组织管理，创出10余项重大科技成果，获得9项科技进步奖。他们明责任、细检查、严考核，按照前瞻可控的工作标准化管理程序，开展“创名牌”活动，虔诚而执着地向既定目标努力奋斗。

奔向目标，矢志不渝

他们内聚信息化矿山、数字化矿山的深入研究，外显提高管理水平、降低安全风险的ERP先进理念和技术。他们引进人员定位系统、监测监控系统、通讯联络系统、压风自救系统、供水施救系统、避险硐室系统等六大系统，实现了矿山信息化和数字化管理，成为中国中冶、中国矿业界矿山建设的一面旗帜。

实现目标，椟不藏玉

中国华冶在中标承建草楼铁矿的主体施工任务过程中，创出了闻名业界的“草楼速度”。2007年7月18日，草楼铁矿顺利建成投产，刷新了大

型冶金地下矿山“三年建成、一年达产”的最快建成纪录，创造了国内冶金大型地下矿山建设史上的奇迹。“草楼速度”凝结着华冶人的智慧，被业界人士誉为“椟不藏玉”，熠熠发光。

再立目标，继续奋进

荣获“鲁班奖”，对于华冶人意义重大，影响深远。“鲁班奖”彰显华冶人精益求精、追求卓越的精神风貌，也昭示着中国华冶企业强势的发展后劲，必将向着远大的理想和目标奋勇前进，在未来的发展道路上摘冠夺金！

（中国华冶　陈　聃）

“命运之轮”驶向新的彼岸

新“家”重挂牌，扬帆再起航。

中国三冶集团有限公司第一建筑工程公司；

中国三冶集团有限公司天津分公司；

中国三冶集团有限公司第一建设工程公司。

这是我们这个大家庭曾经叫过的3个名字，历经4个地方，经过4次周折辗转，最后稳定在这里。一个新“家”，新的名字，新的开始。2016年12月26日，一个吉庆祥和的日子，我们的新“家”挂牌了——中国三冶集团有限公司（简称中国三冶）第三建设工程公司。

在这个新“家”，有我们的“家长”，我们的“手足”。君自故乡来，应知故乡事，每一名兄弟姐妹都牢牢记得我们的“家训”。

每一名兄弟姐妹都以饱满的工作热情，积极的心态，扎实的工作经验在慢慢建设我们的新“家”，我们深知万事开头难，但是我们对这个无论怎么都折腾不散的“家”有着120分眷恋，也坚信“家”的明天会更好。

向前看，一路阳光，这是我们每一位家人慢慢迈向幸福成功的步梯；向前看，我们的未来更加灿烂。

在这里，我们有一份坚韧不拔的韧劲，无论什么活动我们都积极参与，都想给这个大家庭增添一份荣誉，增光添彩。

每天8小时最清醒的时间都在这里生活和学习。初入职场怀揣着做一名合格工程师的梦想，前辈们的指点、教诲，让我们年轻人不断进步；乐而好学，新技术交流，老一辈的一带一指引，让我们在这条路上披荆斩棘。未来定会硕果累累，回报这个助力我们成长的“家”和“家长”。

在我们的办公楼内，处处闪烁着我们昔日的辉煌，时刻让我们铭记万丈高楼平地起后激起的成就感，激励我们更加努力，用一个个工程装点我们的“家”，用我们的信心和朝气累积一桩桩成绩，挂满我们的办公楼。

无论何时何地，“家”永远向游子敞开大门，我们迎回了昔日的战友，战友带着新的希望以及对未来的憧憬，重新投身到新的工作岗位，奉献自己的力量，我们的“家长”笑着说：“欢迎回家”。

（中国三冶　李　妍）

全运会馆的曙光

——鞍山奥体中心体育馆建设纪实

拼搏赢来“新曙光”。

全国第十二届运动会于2013年8月31日至9月12日在辽宁省沈阳市举行，历时13天。本届全运会主赛区设在沈阳市，辽宁省其他13个地市均设有分赛区，共有9000多名运动员参加。设31个大项、40个分项、350个小项。辽宁在2009年1月成功申办全运会，成为继北京、上海、广东、江苏和山东后，第六个主办全运会的省份。

第十二届全运会奖牌取名为“新曙光”，代表着第十二届全运会的召开为辽宁经济腾飞助力，在中国大地上出现新的曙光。奖牌正反面分别标

注着历届全运会的举办时间和举办地，预示着全运精神将在本次盛会上薪火相传。

鞍山市奥林匹克中心位于鞍山经济开发区西侧、沈大高速鞍山出口东侧，由中国建筑设计研究院设计，于2009年开工，2013年5月竣工。总占地面积44万平方米，总建筑面积19万平方米，总投资20亿元，包括体育场、体育馆、游泳馆、速滑馆，即“一场三馆”。

2013年9月，因为贡献突出，中国三冶集团有限公司（简称中国三冶）被鞍山市委和鞍山市人民政府授予“中华人民共和国第十二届运动会鞍山赛区承办工作突出贡献单位”称号，对职教城项目部在鞍山奥体中心体育馆建设中的突出表现予以肯定并进行了表彰。

安全为先

鞍山奥体中心体育馆为巨型钢结构建筑，施工难度大，安全隐患多，在压力和困难面前，职教城项目部知难而上，提出“在岗一分钟，安全60秒”安全管理理念。项目部从细致入微的安全教育着手，积极做好全体员工的“三级安全教育”。坚持领导带班制度，由现场一把手段更利亲自负责，提高全员安全责任意识和防范自觉性。此外，项目部加强日常巡查，日常教育，确保了施工的安全进行。

质量求精

执着进取的热情，开拓创新的激情，勇于担当的豪情构成了项目部全体员工质朴美好的品格。施工过程控制是保证质量的重要环节。项目部在施工过程中严把质量控制，牢固树立“百年大计，质量第一”思想，严格按质量保证体系有关程序文件执行。全面开展质量管理意识教育，把保证质量看成是提高企业信誉和经济效益的重要手段，牢固树立对工程质量负责、对业主负责的意识，贯彻生产必须抓质量的原则，加强作业队自检、互检和专检。

团队争先

俗话讲得好，“火车跑得快，全靠东头带”。职教城项目部在段更利带领下，组成了一支“招之能来，来之能战，战之能胜”的高素质队伍。浩瀚大海由无数水滴组成，每个人就是团队中的一滴水。项目部全体人员通力合作，形成强大的合力，凭借无往而不胜的信念，终于圆满完成了鞍山奥体中心体育馆建设任务。

（中国三冶　代　红）

一个项目部的品牌担当

能吃苦、耐寂寞、守清贫、管小节。

2013 年，宁波分公司宁钢项目部改组完成，当时共有员工 15 人，分成工程技术管理组、安全标化管理组、材料管理组、综合后勤管理组，担负着服务宁钢区域项目开拓和发展的重任。

为了扭转当时公司生产经营困境、稳固生存发展基础、在宁钢树立中国三冶集团有限公司（简称中国三冶）的企业形象，宁波分公司党总支提出“要担重任需先自强，忠诚坚定、业务精湛”的口号，在项目部全体人员的共同努力下，宁钢项目部健全管理制度、创新管理方式、完善管理措施，全员工作态度极大转变，凡事以公司利益为出发点。通过大家不断的

努力，仅一年的时间，就积累了大量数据资料和丰富的实践经验，为公司在宁钢的进一步发展打下了坚实基础。

2013 年，常规检修完成率达到 100%，平均每周一次 12 小时或 16 小时停机检修，全年停机次数达 36 次，总投入人员（机械）4320 人次，工时 51840 小时，日常检修、定修等无甩项，无延时，无质量事故，无安全事故，保证了烧结二条生产线平稳运行。2013 年 1 号烧结年修于 11 月 5 日 7 时开始，计划时间 360 小时，在年修指挥部的精心组织下，1 号烧年修于 11 月 20 日结束，耗时 332.68 小时，提前 3.32 小时完成，命中率达 99%。年修总项目数 186 项，其中常规检修项目机械 109 项，电气 70 项，技改项目 7 项。2013 年，宁钢项目部在“摸爬滚打”中不断发展壮大，为公司立足宁钢做出了贡献。

2014 年，项目部的组织结构不断壮大，在吸纳新生力量的同时，继续发扬优良工作传统，高品质高效率地完成了宁钢区域的常规维检、新建、改建等项目，2014 年 1 号烧结年修在总结 2013 年工作的经验和教训的基础上，不断提升，提前 11 小时正常投产，达到了预期计划目标，烧结主体、环冷密封质量、主排标准化施工等成为年修的亮点，得到业主好评。宁钢项目部为中国三冶在宁钢树立了良好的企业形象，被评为 2014 年度宁钢协力供应商评比安全生产先进单位。

2015—2017 年，宁钢项目部成立快速响应班组，完成多次设备故障抢修任务，由于响应迅速，为快速恢复生产争取了宝贵时间。响应班组可谓功不可灭，组建后，他们建立设备点巡检制度，安排技术骨干对设备进行周期性点巡检，多次发现设备隐患，及时整改处理，避免了设备事故的发生。

“吃得住艰苦、耐得住寂寞、守得住清贫、管得住小节”是宁钢项目部对每名管理人员的要求。这样的队伍只是中国三冶众多队伍中的一支，但是却代表着三冶人的精神风貌。

（中国三冶　伊　明）

中冶精神谱写脱贫致富新篇章

——记凉山州脱贫攻坚中的中冶人

投身扶贫攻坚，参与伟大实践。

近年来，随着国家扶贫开发战略的实施，作为驻川大型中央企业，中国五冶集团有限公司（简称中国五冶）深入贯彻习近平总书记扶贫开发战略思想，落实四川省委、省政府对凉山州脱贫攻坚工作部署要求，切实保障住房建设质量安全，参与脱贫致富的攻坚战，勇担责任，以“一天也不耽误，一天也不懈怠”的中冶精神和忠诚敬业的职业精神，在广袤的彝家大地上留下了深深的足印。

2016 年 9 月 7 日，中国五冶积极响应四川省住房和城乡建设厅在全省质安监督系统、工程监理企业、工程质量检测机构和施工企业抽调部分工程技术人员对凉山州脱贫攻坚住房建设质量安全督查指导工作的号召，精心组织并选派多名经验丰富的骨干专家奔赴脱贫攻坚现场。

51 岁的彭明华是派遣的骨干专家之一，他是一位从事钢结构专业近 30 年，拥有丰富专业知识和实战经验的项目经理。作为抽调的技术专家，此次彭明华所在的指导组负责的是凉山州德昌县。

刚开赴现场，彭明华就随工作组深入部分县乡了解住房建设情况。在不到一周时间里，他充分结合当地施工环境和条件，创新编制了《钢结构施工指导书》。

彭明华所在的督查组基本是早上 7 点从住宿地乘车前往施工点位，晚上 9 点或 10 点钟回到宿舍，平均每天工作时间 14 个小时以上。由于点位偏远且分布零散，有些施工点乘车三四个小时后还要徒步数小时才能到达。饿了，摘一些野果子充饥；累了，席地小憩一会儿接着干。到达村镇后，招呼乡亲们开始耐心讲解、悉心指导施工要点……在 3 个多月的时间里，彭明华共蹲守 47 个点，指导农户 1138 户，每天都要来回往返于县城

与乡镇之间，接听无数个彝家百姓的电话，为他们答疑解惑。每当发现诸如施工房屋地圈梁强度不过关、排水问题未得到妥善解决等问题，他们都会详细记录、提出指导意见、进行整改复查，直到达标为止。

“虽然这些都是施工中最为基础性的问题，但是必须给他们强调到位，整改到位！督查组每10天向各县规建局提出督查意见，每15天向省总站汇报督查指导情况，每月向省住建厅汇报情况。”彭明华介绍说。

对于此次工作，彭明华充满感慨：“这项工作对我是一次巨大挑战。一方面，我很有幸受公司委派代表中国五冶，参与到脱贫攻坚的伟大实践中来，这是造福一方功德无量的事情；另一方面，身为一名中冶人，我深感责任重大，使命光荣，只要时刻践行‘一天也不耽误，一天也不懈怠’的中冶精神，就能完成上级交予的任务！”

（中国五冶　曾　尧）

用“中国速度”打造沙漠能源绿洲

以“中国速度”递交答卷，以“中冶质量”赢得赞誉。

巴基斯坦东部旁遮普省的真纳太阳能园区位于克里斯坦沙漠，以天气善变著称。那里时而烈日炎炎，气温直逼50摄氏度；时而乌云密布，瞬间刮起剧烈的沙尘暴，飞沙走石后，又是一场倾盆大雨。然而，无论何时来到园区内中国一冶集团有限公司（简称中国一冶）的光伏项目工地，都能看到工人们埋头苦干的景象，以及一排排光伏板傲然挺立，如同整齐的盾牌，蔚为壮观。

巴基斯坦面临严峻的能源危机，旁遮普省多个区域每天停电时间长达10余个小时，严重影响当地民众的生产生活。2015年7月，中国一冶签订

旁遮普省300兆瓦光伏电站的工程总承包合同。该项目属于中巴经济走廊的重点项目，也是“一带一路”建设的重点工程之一。旁遮普省政府对此抱有较高期望，要求一期50兆瓦工程在3个月内完工。自承接项目后，中国一冶立即投入紧张的施工中，面对项目“时间紧，任务重”的特点，全体人员加班加点，马不停蹄。无论是骄阳暴晒，还是黄沙漫天，只要条件允许，施工就不间断，吊装、落位、松钩，通常都是一气呵成。在员工们的辛勤努力下，50兆瓦的能源工程进展神速，于9月6日晚成功并网。一般来说，50兆瓦的工程至少要用半年左右的时间才能建成，当地人将其称为中国公司创造的奇迹。专程前来视察的巴基斯坦国家电力监管局主席塔里克·萨迪扎伊惊喜地说，“中国速度”令人赞叹，不仅大大超越了巴基斯坦的传统施工进度，也创造了世界速度。

在注重速度的同时，中国一冶更加讲究施工质量，他们利用在技术、管理和人力资源方面的优势，充分开发当地的太阳能资源。此外，太阳能本身就是绿色能源，在施工过程中，公司也在践行生态环保理念，比如将施工地点设在沙漠的盐碱地带，不占用耕地；光伏板的支架顺应地势而建，将对土层的破坏降到最低。旁遮普省首府拉合尔和附近城市巴哈瓦尔普尔的官员在视察完项目后，也对工程质量予以肯定。

除了提供电能，缓解当地的能源危机，光伏项目还为当地创造了3300个就业岗位，并专门对巴基斯坦员工进行技能培训。当地员工拉希夫曾在中国学习电力工程专业，他表示："中国员工的专业技术水平都很高，也愿意手把手地教，使我能在工作中学习成长。中国一冶不仅改变了我的生活，也将通过太阳能发电，改变我家乡的面貌。"

（中国一冶　杨　迅）

好心人演绎大精彩

——全国劳模、中冶宝钢技术工人彭军速描

火眼金睛，一身绝活；急公好义，一生精彩。

当人们遇到危难急需帮助的时候，伸出援助之手使人脱离急难释放出来的是一种无与伦比的喜悦。这是彭军的幸福观。

2014 年 11 月 18 日，一篇以《上海好心人彭军：我扶老人从没遇过讹诈》为主题的专题报道上传于新华网上海频道专栏，文中讲述了中冶宝钢技术服务有限公司（简称中冶宝钢技术）工人彭军热心助人的感人事迹。10 多年来，彭军做好事、献爱心，为社会传递正能量的消息很快被人民网

等知名主流媒体相继转载报道，引起强烈的社会反响。

彭军，不高的个头、黝黑的脸庞、敦实的身板中年汉子……仅凭外表很难让人将他与“上海好心人”“新时期活雷锋”“全国劳动模范”等称号联系在一起。然而，他那不经意间流露出的一抹纯真笑容和坚毅眼神，却有着无比强大的吸引力和感染力。

分选行当的“孙悟空”

提起《西游记》中的孙悟空，想必大家印象最深的是他在识别各路妖魔鬼怪时那双泛着金光的“火眼金睛”。而彭军作为废钢分选工，凭着一股钻劲和韧劲，也练就了一副“火眼金睛”的本领，成为废钢分选行当的行家里手。6 年来，彭军共分选出各类密封容器 10 余万个、橡胶塑料等炼钢有害物 3 万多个、爆炸物 4 枚，至今他还保持着一天分选 325 件密封容器的最高纪录。在这一串串数字、一堆堆危险品面前，彭军用他高度的责任心和娴熟的业务技能为炼钢安全生产，尽职尽责地做好废钢转驳的监督工作，保障企业利益不受损失。

爱管“闲事”的活雷锋

提起彭军救人不留名的光荣壮举，公司员工交口称赞，“新时代的活雷锋”是大家给他的最好褒奖。6 年前，一位八旬老人将一面写有“是单位领导培养教育才有彭军的无私奉献”的锦旗赠送到公司时，10 多年前彭军救人不留名的义举才被大家熟知并广为传颂。多年来，彭军热心助人的事例举不胜举。他将自己的房子腾出来，给漂泊流浪、居无定所的外来务工者暂住，并千方百计想办法帮助他人，经他介绍找到工作的就有 200 多人。彭军为附近村民和外来务工人员做了大量好事，但面对媒体的采访要求，彭军却婉言谢绝，说：“我不是为了出名，只是做了该做的事情。”彭军用他乐观坚韧的人生哲学活出了小人物的大精彩，用他的善良仁爱，真诚地帮助身边需要帮助的人。

（中冶宝钢技术　王　超）

与“死神”埃博拉擦肩而过

“死神”何所惧，使命高于天。

2014年，埃博拉病毒卷土重来，全世界将目光再次聚焦西非，新闻每天都在刷新因感染病毒而死亡的人数，人类的生命在高致死率的“死神”埃博拉面前变得不堪一击。

从刚果（金）SICOMINES铜钴矿项目现场服务回来的小文到现在都心有余悸，谈起前去刚果（金）的出差经历，小文说：“家人都不知道我去了刚果（金），我骗他们出差去广西，因为不想让他们担心。”小文善意的谎言及家人的担心不无道理，刚果（金）位于非洲中西部，虽然不是此次

埃博拉疫情的集中爆发区，但病毒的起源距离 SICOMINES 项目约 100 千米的埃博拉河地区并因此而得名。埃博拉的阴霾让 SICOMINES 项目组的刚果（金）之行变得异常艰巨。

韩波是该项目的总设计师，此前曾赴现场进行设计等工作。韩波回忆："之前在现场，就听当地人谈起过埃博拉，它的高致命率、易传染及低治愈率人们视它'死神'，而此次出差让我真正见识了埃博拉给人们带来的恐慌。在埃塞俄比亚首都亚迪斯贝巴机场的中转大厅，四面八方的人流汇聚到这里，根本无法判断转机人员都来自何方，是否来自疫区。人们刻意地保持距离，与陌生人哪怕眼神的交流都充满警惕。"

经过 20 多个小时的飞行和中转，项目组到达了刚果（金）卢本巴希，又乘车近 5 个小时到达矿山。因为此次出差行程非常紧张，项目组人员还没来得及调整 6 个小时的时差，便投入到高强度的工作当中，就业主提出的 SICOMINES 矿山的八大议题进行解决和沟通。

15 天的现场服务转瞬即逝，埃博拉依然肆虐，但全身心投入工作中的中冶北方工程技术有限公司（简称中冶北方）的全体人员不顾风险坚守着对业主的承诺。经过积极的协调和沟通，项目现场指导、技术人员、施工

队伍对整个设计内容有了充分的了解，对矿山的发展思路有了更深入的认识，明确了今后矿山发展重点及面临的困难，并随时准备好应对现场基础条件变化而带来的新问题。业主对中冶北方项目组成员给予了这样的评价：敢于担当、尽职尽责。短短八个字，彰显了中冶北方近60年传承下来的企业精神：敬业、忠诚、团结、进取。

（中冶北方　李　迪）

生如夏花

——致湘西凤凰县杨宇同学的一封信

爱心助学有担当、社会责任扛肩上。

亲爱的杨宇同学：

你好。

得知你已考上理想的大学，即将开启一段美好的校园生活。我们真心为你感到高兴！

记得第一次同你见面的时候，那是2017年8月盛夏的一天。得知你家境艰难，但你自强不息，我们慕名驱车赶往湘西凤凰县你的家中了解情况。虽然我们只有过短短两小时的会面交流，但你乐观、开朗的性格深深地感染了我们每一个人。尤其在你向我们描绘将来的大学生活时，你眼睛放出的光芒，仿佛可以照亮整个世界！这让我们非常欣慰。纵使生活艰难，但你从未失去信心，依旧勇敢坚定，如同璀璨的夏日之花，不凋不败。而正是这次会面，让我们中冶长天国际工程有限责任公司（简称中冶长天）炉窑工程技术公司党支部及暖通分院党支部下定决心，对你进行长期资助。这对于你来说意义非凡，而对于我们来说，也是同样！

人生路程漫漫，有些事我们无法改变，比如我们的出生。但有些事我们可以通过努力而改变，比如我们未来的人生。坚持不懈的努力学习，是追赶梦想最有力的支撑。你肯定是明白这个道理，所以才能在高考中获得总分551分，取得超过一本线的好成绩！梦想是高贵的，它需要泪水和汗水的洗礼。长期以来的勤奋与坚持，已经为你拉近了与梦想的距离。希望你不要骄傲与放松，继续努力前行。前途也许仍然充满艰难险阻，你不要沮丧与放弃。拼搏的青春才不会让自己后悔。而青春，也会因奋斗变得更有意义！

暑假还有将近一个月的时间，在收获欣喜，享受假期的同时，我们希望你戒躁戒躁，静下心来好好规划一下自己的大学生活。高考如同一座灯塔，为高中的学习生活指明方向。大学则不同，课程安排相对轻松，校内的文体、社团活动丰富多彩，校外的游戏、娱乐活动层出不穷。不少优秀考生在进入大学后陷入迷茫，在自由自在的广阔空间里反而迷失了自己，这些值得你去深思。如何有效分配时间与精力，分清主次轻重的关系，都需要你去规划和平衡。如果高中的努力决定你能走哪条路，那么大学的付出则会决定你在这条路上走多远。敢于梦想，勇于尝试，青春意味着没有什么不可能，希望你能不忘初心，一路前行。

“一天也不耽误，一天也不懈怠”是我们中冶集团的企业精神，我们把这句话也送给你，希望你在求学的道路上分秒必争，直挂云帆，奋勇向前。

衷心地祝愿你，生如夏花之绚烂，不负青春不负梦！

中冶长天炉窑工程技术公司党支部

中冶长天暖通分院党支部

2017 年 8 月 11 日

注：杨宇，湖南省凤凰县贫困学生。父亲几年前因癌症去世，家里只有母亲和姐姐。为父亲治病的几年里，家里倾尽所有，负债累累。母亲自幼患有肾炎，体弱多病，需要药物长期治疗。姐姐大学未毕业，家庭负担重。中冶长天炉窑工程技术公司党支部及暖通分院党支部获知情况后，决定对杨宇同学开展助学活动，赞助她大学 4 年的学费及生活费，并将持续关注她大学期间的学习、生活情况。首批助学金采取个人捐款筹集等方式。目前，合计 1 万元的助学金已汇入杨宇同学校园一卡通专用账户。中冶长天在自身发展的同时，始终不忘践行企业社会责任，积极倡导爱心公益，努力弘扬中华民族优秀的传统美德，传播良好道德风尚，为文明社会传递正能量！

（中冶长天　何森棋整理）

筑梦蓝天

“绿色钢铁”“蓝天梦”，功夫不负中冶人。

打造“绿色钢铁”是钢铁从业者的“中国梦”，也是中冶人作为“冶金建设国家队”理所应当承担的使命。作为主要为钢铁提供工程技术服务的设计研发企业，中冶长天国际工程有限责任公司（简称中冶长天）多年来一直心怀“蓝天梦”，致力于发展“绿色环保钢铁技术”，期望通过不断的技术创新让“蔚蓝”重现天空。

烧结工序是钢铁流程烟气排放的“大户”，也是当前钢铁烟气治理的重点环节。针对当前烧结烟气多污染物并存而现有技术无法实现综合治理的世界性难题，中冶长天立足国情，在综合比较各种技术路线的基础上，决心全力以赴开发当前世界领先、综合治理效果最突出的活性炭烟气净化技术。

尽管该项技术在国内没有技术储备，自主研发具有相当大的风险，但中冶长天还是义无反顾踏上这趟征程。2011 年，联合清华大学、宝钢、湘钢，申报国家 863 课题，在清华大学的实验室里，开展多项关键性实验，取得了重大理论突破。2013 年，联合湘钢开始小试，把一个由集装箱改装而成的小试实验室，搬到湘钢的烧结机旁，开展机理和工艺流程的研究。

“实验环境很艰苦，尤其是夏天，集装箱内 40 多度的高温，我们团队 10 多个人，24 小时不停，整整坚持了 1 年。当看到一次次实验的成果越来越靠近目标，那种兴奋无与伦比。”该项目首席技术专家魏进超博士回想当初的坚持仍激动不已。

2014 年 3 月，为确保该项技术一举成功，联合宝钢建立烟气处理量为 30000 立方米/每小时的半工业化中试实验装置。科学研究的道路从来就不平坦。刚开始，实验数据并不理想。在宝钢的支持下，对中试装置共进行了 3 次大的改造，重新调整修复各种匹配关系，经过一年多的努力取得了大量可靠运行数据，为工程化应用提供和积累了宝贵数据及经验。

“长天人的严谨和较真是令人敬重的。科学的研究，就需要长天人这样一种精神，最终的实验结果很理想，超过了预想的目标。”宝钢研究院首席专家李咸伟这样高度评价技术研发团队。

2014 年 10 月，中冶长天与宝钢湛江签订烧结烟气净化工程，意味着我国自主研发的活性炭烧结烟气净化技术将首次实现工业化应用。对企业来说，这既是机会，也是挑战。设计团队针对湛江钢铁的工艺条件精心设计，对工艺流程、工艺参数、系统控制逻辑关系反复推敲。充分利用 ansis 分析、仿真分析、三维设计等现代设计手段，与试验验证及先进制造工艺方法相结合，不断试制、试验、完善、优化，直到拿出性能品质优良的产品。现场精确安装也是一项艰巨的任务。这个结构复杂的庞然大物由几十万条大小不同、总长50多千米的焊缝和上千个部件组成，不允许有任何漏点，不允许有任何滞料的死角。

“绝对按技术标准，只要与技术标准有差距，即使是装上了，也要拆下更换掉。”项目建设团队始终按照一流的标准严格把关，确保工程万无一失。

经过一年多的精心设计和施工，2015 年 12 月，一期工程顺利投产。几个月连续运行证明：该技术装置各项排放指标达到国际先进水平，部分指标居于国际领先水平，并实现了多污染物协同治理的目标；工程投资少，仅为国外同类技术装置的60%左右；运行成本低，远低于普通脱硫技术工艺方法。

项目取得了空前的成功。在此后召开的湛江活性炭烧结烟气净化技术交流会上，来自全国各地的几十家钢铁企业纷纷参观现场并对其呈现的几乎“零排放”“蓝天白云”的效果连连称赞。后来，中冶长天又接连承担了宝钢本部、安阳钢铁、永洋特钢等多个活性炭烧结烟气净化工程，并凭借该技术入选“国家鼓励发展的重大环保技术装备目录依托单位”名单，位列大气污染防治类首位。

每一项具有里程碑意义的技术研究，都凝结着科研工作者的情怀与担当。“碧海蓝天”是钢铁从业者的梦想，作为冶金建设的主力军，中冶人将继续为实现“绿色钢铁”的瑰丽梦想而勇攀高峰。

（中冶长天　唐孝亮）

恩菲索道　比心桃花源

泰山览胜索道行，不忘恩菲建奇功。

今天我们所说的桃花源景区，位于泰山西北麓，融自然山水、地质奇观、宗教文化、野生赤鳞鱼等景观为一体，是泰山生态旅游的重要组成部分。桃花源的溪中之水源由桃峪、龙角山、雁群峪 3 条清澈的溪水汇成，缘溪而下，是名副其实的“桃花源”。桃花源溪中之石，或大或小，玲珑剔透，形态各异，任人揣摩想象。万木生于山麓，百花开在沟壑，美景皆出于自然。

中冶恩菲自20世纪80年代参与了泰山全部索道设计建设，包括泰山中天门索道、后石坞索道，当然也包括穿过美丽桃花源的桃花源索道。而就在近日，恩菲人又将“泰山记忆”增添了新的业绩，签订了泰山桃花源客运索道维修改造工程设计项目合同。

20世纪80年代初，国内旅游业兴起。借鉴国外风景区发展旅游的经验，国家旅游局决定在泰山修建中国第一条现代化的旅游客运索道。自此，恩菲人就踏上了长达30年的“泰山之旅”。

迄今为止，桃花源索道已安全运行24年共计7万多小时，累计运送游客1075万人次。但经过20多年的持续运行，索道整体设备老化严重，很多零部件产品已经停产，采购备品备件十分困难，加之索道的一些技术性能参数不符合现行安全规范要求，存在较大安全风险。为此，泰安市泰山索道运营中心决定对桃花源索道进行维修改造，提升装备水平。

桃花源索道维修改造在现有桃花源索道原线路、原站址进行，不占用新的线路和站址。中冶恩菲承担桃花源客运索道维修改造工程设计工作，包括工程初步设计和施工图设计，含索道工艺、索道站房、车库及附属设施的建筑、结构、变配电、给排水、消防、避雷、通风、总图、概算、技术经济等专业设计。

泰山是深受国人喜爱游览的名山大川，人文底蕴深厚，知名度高，影响力大，在泰山建设项目的社会关注度高。同时，由于泰山游客量大，索道维修改造时间需要尽量缩短，这些因素无疑对设计工作的质量、工期等提出了更高的要求。中国恩菲将依托在索道项目上的丰富经验，充分考虑利用现有的索道站房设施，精心设计，全力保障桃花源索道维修改造设计阶段的质量和工期，为业主设计一条现代化高水平的客运索道，进一步巩固公司与泰山风景区管理机构一贯的良好合作关系，为泰山旅游事业的发展贡献力量。

（中国恩菲　刘英林）

不期而遇的美丽

——感受中冶的斯里兰卡魅力

MCC，中国的品牌，世界的美誉。

那是2016年的初春，北京的天气乍暖还寒，我接到公司命令，前往斯里兰卡长期外驻开展工作。因为以后要每半年才能有一次休假，临行前的那个周末我特意回了趟内蒙古和年迈的父母短聚告别。带着对亲人的无比惦念，我匆匆登上北京至科伦坡的飞机前往那个陌生的国度。

因为是凌晨，起飞不久后我就迷迷糊糊地睡着了，在一阵颠簸中醒来后我意识到飞机正在下降，这时天已大亮，透过舷窗可以看到远处蔚蓝的

大海接壤着大片的陆地，这片大陆在初晨的阳光下越发显得绿意盎然、生机勃勃。飞机着陆后，大家鱼贯而行顺着栈桥走出机舱。出国前公司已经为我办好了长期工作签证，我很自信地径直走向移民局的出关口将护照递给签证官。签证官是一位 40 多岁的兰卡人，穿着熨烫可见线条的白色制服，黝黑严肃的脸庞一双识人无数的眼睛透着干练。他向我问道："入境卡呢?"我这时才意识到因为睡着了错过了机组人员发放入境卡，看来免不了要费一番口舌。我说道我是持有工作签证的，并请他翻看我的签证页。他用怀疑的眼神审视着我并问我是哪个公司的，来做什么，我用英文跟他说："My Company is Metallurgical Corporation of China, the short name is MCC 。"他忽然眼睛一亮，满脸笑容地对我说："AYUBOWAN 欢迎欢迎！我知道你的公司 MCC，你也是来帮助我们修路的吧？我们的机场线高速路就是你们公司修的，修得太棒了！这是我们兰卡最好的一条高速公路，现在我上班方便多了！我帮你填入境卡吧。"说着就拿起一张卡片往上写东西，他一连串倒豆子似的话让我错愕意外，原先预想的花费口舌突然来个 180 度的大转弯，在这位签证官的热情帮助下我很快顺利通关。

当汽车行驶在顺畅的机场线高速时，我还在回味着刚刚出关的插曲，来之前我是了解过斯里兰卡的一些情况的：斯里兰卡卡图纳亚克机场高速

公路项目，主线全长25.8千米、连接线4.8千米，2009年开工，2013年10月全线竣工通车，曾被兰卡前总统誉为“斯里兰卡国门第一路”。这位签证官作为一名普通受众给予的由衷赞誉让我感到分外惊喜与骄傲。这次意外的经历让我体会到“MCC”品牌的魅力。望着远处的蓝天白云，让我想起心中那份中冶蓝，中冶人砥砺奋进，一天也不耽误，一天也不懈怠，MCC品牌享誉全球。

（中冶国际　高　龙）

国贸人奋战在塞班

勇挑重担，后生可畏。

塞班岛（Saipan）是北马里亚纳群岛联邦首都，北马里亚纳群岛气候舒适宜人，全年阳光充沛，水清沙细，是旅游度假的天堂 。然而，在塞班岛原始美丽的背后，却隐藏着不为人知的危险一面，“上一秒天堂，下一秒荒芜”在这片并不广阔的岛屿上反复上演。经受考验的，不仅仅有当地原著居民，更有千里迢迢从上海到当地开展业务跟进的公司物流部员工李昊绩。

2015 年 7 月 31 日，因中国二十冶塞班岛综合度假村项目的需要，公司物流部需要派出 2 名员工现场跟进，但公司大部分老员工都已经被其他项目占用无法抽调，人员奇缺，一时间竟无法找到合适的人选。随着项目日期一天天逼近，公司上下心急如焚。而就在这时候，入职不足两个月的新员工李昊绩挺身而出，“要不然就让我上吧！我保证圆满完成任务！”

事实上，公司也正在考虑李昊绩，尽管他刚入职不足两个月，但他的勤快聪明、沉稳可靠，都给领导和同事留下了深刻的印象。作为毫无经验的新人，就要被派去远在西太平洋正值台风季节的塞班操作重要项目，这意味着他很有可能会面临项目操作和恶劣环境所带来的人身安全的双重挑战，他能经受得住考验吗？带着质疑也带着信任，李昊绩毅然踏上了飞往塞班的飞机。

到达项目现场后，李昊绩无暇顾及美丽的海岛风情，一头扎进项目现场。为了弥补经验上的不足，他随身携带了厚重的项目资料以及工作手册，将遇到的问题、想法、经验都及时地记录下来细细琢磨，这使他迅速积累了经验和有关知识。他努力实践公司精细化管理理念，在项目操作中，表现出不亚于老员工的熟练程度和工作魄力。

然而，在一切都在往好的方向发展时，大家最担心的事情发生了。8月2日，塞班岛遭受30年来最猛烈的台风袭击，岛内电力系统瘫痪，水、燃油严重紧缺，码头关闭。随即，码头被美国海岸警卫队（USCG）接管，恢复的2个作业泊位也受控于USCG。为保证救援物资船优先靠港，迟迟不让公司船舶靠港卸货。李昊绩等人赶赴现场，想尽一切办法与各方人员沟通，极力争取，终于获准在8月24日靠泊。可是，岛内断电无法夜间作业、政府征用车辆无法全力安排内陆运输、码头工人短缺和吊机有限严重影响装卸货速度，这些因素导致无法按预定方案完成运输任务。但中冶集团国际经济贸易有限公司（简称中冶国贸）员工是难不倒的，越是艰难的情况，越能凸显国贸人的专业能力和业务素质。为全力保障中国二十冶物资按期运达现场，本着“既承诺，就承担”的信念，李昊绩等人科学制定卸船步骤，缩短卸船时间，积极安排运输，严控运输进度。卸货工班不够，就协调争取最大化的工班和加班，9天的卸货时间硬生生压缩到了4天。

以李昊绩为代表的国贸人为了保证物资安全及时运抵现场，为了工程不被延误，为了中冶国贸的诚信金牌，克服了难以想象的重重困难，使得中冶国贸的专业、渠道、资源、实力以及诚信等优势受到业主方的高度认可，为后续批次的发运承接，打下了坚实的基础！

（中冶国贸　陈春羽）

王琦：让中冶旗帜在港澳特区高高飘扬

特区骄子，中冶王牌。

被誉为“东方之珠”的香港，是一座高度繁荣的国际大都市，也是全球第三大金融中心，与纽约、伦敦并称为“纽伦港”，是全球最具竞争力城市之一。就是在这样一座国际大都市中，中冶集团在此正以日新月异的表现刷新着业绩。这些辉煌成绩的取得，与一个人的努力密不可分，他就是中冶海外工程有限公司（简称中冶海外）副总经理、香港地区董事总经理、澳门地区总代表王琦。

自2014年负责港澳特区以来，他潜心笃志，锐意进取，带领中冶港澳特区团队，2015年、2016年连续两年超额完成各项经营计划指标，并实

现了业务开发的港珠澳一体联动。“一带一路”倡议提出后，他通过发挥公司在港澳特区的商务平台及人才、技术优势，将业务范围扩展至东南亚及非洲地区。他个人还获得了2016年度中冶集团“劳动模范”荣誉称号。

香港特区经济发达，技术标准高，劳工准入严格，中冶本身的人才、技术优势均无法输入等是王琦担任香港地区负责人后所面临的问题。上任之后，他认真分析，总结经验，通过采取加大招聘力度，吸引优秀人才，以及不断拜访香港业主、分包商等一系列措施去提升中冶品牌的影响力和知名度。

功夫不负有心人。经过长时间的沉淀与积累，中冶香港在马鞍山路渠政府项目中取得重大突破，一举中标。之后，在王琦的带领下，港澳团队一发不可收拾，又相继在香港本地斩获中冶在港澳地区历史上最大的工程项目——新界500个乡村光纤铺设项目、荃湾楼宇工程项目、印尼Amongedo镍铁厂项目、元朗工业园写字楼及工业大厦项目、港府小西湾渠务项目及中冶在香港的第一个钢结构项目——旧政府总部大厦翻新钢结构等。

截至2017年底，港澳地区团队连续两年超额完成各项经营指标，C牌牌分经港府考核已由复牌之初的47分提升至65分，为香港地区有史以来

的最高分，为公司在港澳地区后续投标工作奠定了优势基础。

在王琦的带领下，中冶海外港澳团队正以崭新的姿态，不断奋力开拓港澳市场，强化经营管理，使中冶集团在港澳地区的经营实现更大的飞跃，让中冶的旗帜在港澳地区高高飘扬！

（中冶海外　宋大雷）

为华天荣誉而战

——设备分公司制造长乐市潭头污水处理厂二期工程核心设备侧记

“拼”出中冶精神，“抢”出华天品牌。

2015年12月1日—23日，设备分公司上下齐心协力，发扬吃苦耐劳、精益求精的工匠精神，赶制福建长乐市潭头污水处理厂二期工程水处理核心设备。他们以制造一流产品为目标，更为华天荣誉而战。

这是一项特殊的紧急任务

2015年11月，中冶华天工程技术有限公司（简称中冶华天）建成福建长乐潭头污水处理厂一期工程。长乐市领导给予高度评价，希望中冶华天再接再厉，加快二期工程建设进度，完成长乐市年度节能减排考核目标。

中冶华天高度重视，康承业董事长委派副总经理刘殿瑶现场督战，全力推进二期工程建设进度，力争12月底完成。

12月1日，设备分公司接到紧急任务—承制长乐市潭头污水处理厂二期工程3套倒伞曝气机和12套潜水推流器水处理核心设备。

公司指示：12月20日设备分公司交付第一批设备，25日交付最后一批设备。这是当地政府的政治任务，也是华天的政治任务，绝不允许延误。

倒伞曝气机和潜水推流器是中冶华天自主研发的具有国际领先水平的

污水处理核心技术产品。“高效自吸混合式倒伞曝气技术产品”获得安徽省 2015 年度发明金奖，并获美国发明专利授权，这是我国原创曝气技术装备取得的唯一国际专利。

这是一个高效协同的样板

任务紧急！工期紧急！生产紧急！

12 月 2 日，设备分公司召开紧急会议，精心策划，部署工作，责任到人。从图纸到工艺，从采购到加工，从工期到质量，全面具体落实。

设备分公司总经理方实年指出：设备能否如期交货，外购件是关键，每一件都要专人负责，确保交货进度，一天也不能耽误。

曝气机的减速机和推流器的叶片是关键外购件，交货期需要与供货商协调明确。

叶片是上海某玻璃钢公司供货。这是一家生产玻璃钢产品的专业厂家，年底挤压了大量的生产任务。

12 月 2 日，技术人员赶赴厂家商谈，因华天人的诚意及今后合作的广泛前景，供应商同意抢先安排，按要求的时间交货。

然而更难的是减速机的交货期，刘殿瑶指示：“要千方百计解决减速机交货问题！”减速机是由长沙星航齿轮传动机械公司供货，这是一家从事航空产品部件及减速机等设备设计与制造的专业厂家。厂家表示，20 天交货是难上加难，不愿意接手这份订单。

12月6日，中冶华天水环境技术研究院老专家张鑫珩亲自上阵，登门拜访长沙星航公司董事长，面对面商讨减速机交货事宜。王董事长被老专家张鑫珩敬业、忠诚的精神所打动，承诺将不惜一切代价完成这一特殊的制造任务。12月10日，长沙星航公司通报了减速机加工进度和具体交货时间。

至此，关键外购件的生产节点得到落实，大家心里的一块石头落地了。

这是一场没有退路的攻坚战

12月2日起，设备分公司按照时间节点组织采购、加工、制造，严格控制质量和工期，加班加点，连续奋战，精心制造一流水处理高端产品。

12月6日、7日，星期六、星期日，加班；12月12日、13日，星期六、星期日，加班。

“这两天完成6台推流器装配和12套起吊杆、支座等组件。”车间主任通报加班进度。

12月16日，连续半个月的加班加点，发扬“拼”“抢”精神，硬是将第一批核心设备赶制出来了，初战告捷。

12月17日，第一批设备装车发往施工现场。

12 月 19 日、20 日，星期六、星期日，加班。

“19 日 4 台推流器制作完成，20 日曝气机开始装配。”车间主任通报加班进度。

12 月 22 日晚 7 点，曝气机装配最后一道工序完工，标志设备分公司承制的水处理核心设备全部加工制造完毕。

12 月 23 日上午，水处理核心设备全部装车发往施工现场。

20 多天，设备分公司竭尽全力，敢于担当，精心组织，措施得当，发扬“一天也不耽误，一天也不懈怠”的中冶精神，完成了这项特殊的生产任务和政治任务。

设备分公司在水处理核心设备上主营高端业务，助力中冶华天水环境工程建设，提升了中冶华天的美誉度和影响力，在八闽大地树立了高效、卓越的中冶华天品牌形象。

（中冶华天　鲁丽群）

高山织玉带　黔地筑金路

战天又斗地，天堑变通途。

紫望高速公路起于紫云县辽菁村，止于望谟县坝算村，与惠兴高速公路衔接，是贵州省重点高速公路项目。其中，中冶建工集团有限公司（简称中冶建工）承建的四标段全长 9.65 千米，包括 14 座桥梁、1 处互通立交、1 处服务区和 27 处涵洞。项目建成后，将打通黔西南高速网络“断头路”，将望谟等重点贫困县与贵阳直线相连，有力促进地方经济发展。

2016 年 7 月，不惧艰险的中冶建工人来到了偏远闭塞的望谟县边饶

镇，开启黔岭筑路的征程。初临此地，严酷的自然环境给项目团队带来了不小的考验。“能看见的地方都是大山，开车到最近的坎边乡都要半小时，基本的生活条件难以保障。”回忆起当时的境况，员工们仍面露难色。

恶劣的环境没有让他们退却，反而激起了全体工作人员的血性和斗志。短短1个月内，项目团队完成了近10000平方米的驻地建设，并迅速着手施工准备工作。2016年8月27日，紫望高速四标段在全线率先破土动工。

施工过程中，项目部发现坎边大桥等区域地下存在成片溶洞，就像“糖葫芦”，一个连一个。为了保证工程质量和施工安全，项目部成立了以项目经理为第一责任人的质量控制小组，邀请技术专家大力开展QC活动，对工程重难点进行技术攻关，制定符合需求的专项施工方案。

正当项目团队为攻克施工技术难点而兴奋时，突如其来的暴雨让团队先前的努力几乎归零。2017年7月，受沿海台风影响，望谟县持续了近10天的强降雨天气，施工区内盆河、拉稍河河水急剧上涨，淹没了坎边大桥施工现场，冲毁了一、二工区所有施工便道。

发生险情后，项目经理范建波立即组织全体人员抢险，连续奋战3天，将坎边大桥墩柱承台模板清理完毕。刚松了一口气，暴雨再次来袭，辛苦奋斗的劳动成果又一次付之东流。为了不影响整体施工进度，项目部立即组织人员进行第二次抢险，将承台清理完毕，接着校正钢筋并绑扎牢固。在各方验收合格后迅速进行混凝土浇筑，终于在下一次暴雨来临之前突出完成了所有工作。

项目团队的辛勤付出迎来了隆重的回报。自开工以来，紫望高速四标段没有发生质量、安全事故，施工进度一路领先。中冶建工的综合实力，得到了业主和当地政府的一致认可。

（中冶建工　张　雯）

建善唯信　信者闻达

贴心服务，用心创造。

阳关的冰心玉壶，承载着中冶人的期望；
苍山洱海的仙境，似中冶人的不墨春光。
南海之滨、北海之浪，坚定着中冶人的信仰；
秦淮堤柳的绵绕眷念，更加厚植中冶人的坚强。

2015 年 7 月 28 日，随着中冶 PPP 业务的大力开展，中冶建信基金公司（简称中冶建信基金）中冶建信基金应运而生。敬业、忠诚、团结、进取，在董事长邹宏英及总经理郑伟、副总经理叶志翔的领导下，公司发扬“一天也不耽误，一天也不懈怠”的中冶精神，坚持不懈，开拓创新。公司员工坚持以中冶座右铭为向导，铭记：中冶人用心铸造世界的信仰。

自成立以来，公司积极配合集团子公司对接PPP项目，全面统筹金融资源、创新融资模式，为PPP项目融资落地贡献力量。其中，濮塘PPP项目是在中冶建信的支持下，中国十七冶集团有限公司在马鞍山第一个成功落地的PPP项目。类似濮塘这样的项目还有很多，随着多个项目成果落地，中冶建信基金的美誉度正在不断提升。“乃知事贵奋，形势非所拘。”无论多么大的艰难险阻，无论多么困难的融资配资，中冶建信人始终不忘初心，奋力前行，迎接每一个崭新的黎明。

（中冶建信基金　刘　越）

“史记”·上海迪士尼传

迪士尼佳作，中冶大手笔。

天地剖判，鸿蒙始开，灵气激荡，遂成文章。大哉造化，品物流形，圣人法之，乃作苑囿。是以周有灵囿、楚有云梦、汉有上林、晋有华林，皆师法造化而已矣。西元一千九百五十五年，美利坚迪士尼园始成，观其山石池沼，奇伟瑰丽，尽得造化之功；又取法剧场，自成世界，极尽匠心之运。盖自前代以来，未之有也。游人薄而观之，未有不惊服者，遂得令名。

西元二千零二年，迪士尼来沪，欲因美利坚之制，于此地别为一园。于时彼我不审，故未能合契，商议多有龃龉，其约不成。又资费甚巨，筹

措无端；技术晦昧，机巧不足。是以彼我奔走往来数年不果。然时有变易，事有回还，彼我相持日久，终得合符。西元二千零八年，迪士尼邀海内贤能共经此园，事遂定局。

时有京冶，以建筑称，声名闻于海内外。尝筑环球影城，未及二年即成，时人奇之，咸服其速。又营长隆海洋王国，筑武汉万达电影乐园，建淮安西游文化园，其制之巨，其形之胜，亚细亚莫之与京。于是迪士尼遂托之以经营之事，又邀贤能，共襄此事。

西元两千零十一年，始经迪园。于是公私参总，皆尽其心；技巧工匠，咸精其能；各方协同，不失其序。若有繁难，辄潜精研思，是以虽有间阻，终能克之。如此经年，至西元二千零十六年，此园乃成。

园中形制，尽皆精巧：有岛焉，以探险名；岛中有山，巨兽居焉，其声如雷，故号雷鸣山；山中人号亚柏栎人，世居山中，不得出焉。此盖皆取像于南亚美利加洲之传说，尽得其妙。有藏宝湾，海盗居焉，人多意气，以武犯禁，快意恩仇；奇想园，七星相萃，情态非一，遐思奇想，妙趣横生；明日世界，当世所无，托以将来，科学昌明，尽享其泽。又有米奇街、童话城、梦幻世界，盖取法剧场之事，察其经略布置，尽皆精研，非有巧思不能为也。开园之日，游者以万计，摩肩接踵、举袂成幕、挥汗成雨：上海迪士尼之名显矣。

赞曰：迪士尼之来沪也，慕于与众乐乐之义，便于财货流布之利，是以义利两观，皆有所成。又彼我接洽协商，十年乃成，可谓慎之又慎矣。然考之物议，或毁或誉，未能一之，此盖物之初萌，其势不定。故须少假时日，见其肇端，则毁誉之事乃可与议也。其归终如何，吾人且拭目待之。

（中冶建研院　李曈曈）

五色湛江的开拓者

看似平凡不平凡，只为心中一抹蓝。

在湛江环保的工地上，有一个人常年坚守在项目现场，身体力行，敬业忘我，勇于拓荒，他就是庞德生，一位平凡的作业长。

英姿舒爽，干练利落，是庞德生给人的第一印象；敢为人先，追求完美，是庞德生工作的一贯作风。庞德生是中冶建筑研究总院有限公司（简称中冶建研院）湛江环保公司除尘生产部的电气主管，也是原烧作业区的作业长。在工作中，他一丝不苟，狠抓细节。在他的带领下，原烧作业区从施工调试困难重重到逐个击破，从杂乱脏到5S示范作业区，从设计缺陷不断完善到标新立异，从名不经传到令甲方有口皆碑。也正因此，原烧作业区受到公司领导以及宝钢领导的一致赞扬。一次次成绩的取得，都离不开庞德生的挑灯夜战，废寝忘食，精益求精和严格要求。工作之余，他学

习不辍，部门培训一期不落，专业知识也随之见长。在他的感染下，其他员工也随之投身学习，他的部门形成了一股坚持学习、不断进取的良好风气，职工队伍的整体素质得到提高，工作能力和工作效率得到改进。而他在2015年抗台救灾工作中的坚守，至今让人难以忘怀。

2015年10月4日，超强台风“彩虹”正面登陆厂区，狂风肆虐，摧枯拉朽，除尘设备面临运营阶段的第一次大考。在如此恶劣环境中，他挺身而出，带领员工第一时间投入抗台救灾工作。在烈风咆哮的7天里，他密切关注天气变化，始终不离工作岗位，从检查工作设备到抢救厂房财物，再到鼓舞员工士气，他都亲力亲为。终于，他的团队顺利完成救灾复产，为主体恢复生产保驾护航。由于贡献突出，他荣立宝钢湛江钢铁一号高炉点火及抗台抢险个人二等功。他在风雨中冷静指挥、抢险的身影，留在员工们深深的记忆中。

湛江环保BOO项目是中冶建研院承接的国内钢铁领域中首个以BOO模式运作的环保项目，旨在建设与湛江钢铁850万吨年产能相配套的钢渣处理及非工艺除尘设施，建成后为湛江钢铁提供上述环保设施的运营管理服务，实现科技创新来源于生产、服务于生产的理念。

对于成绩、毫不自满，面对困难、永不服输，这就是庞德生；工作之时、兢兢业业，考验当头、挺身而出，这就是庞德生。正是有他这样默默无私的平凡奉献者，那一抹中冶蓝的旗帜才能在五色湛江上空高高飘扬。

（中冶建研院　赵　驰）

风雨中的建设者

使命已牢记，暴雨何所惧。

7—8月的统部，正是雨水高发季。晨光还在云层中羞答答地欲出还休，暴雨便以迅雷不及掩耳之势噼里啪啦地席卷而来。

中冶交通建设集团有限公司国道306线林大段公路项目统部至大水菠萝段的机器轰鸣、热火朝天大干景象，被这场突如其来的暴雨浇了个透心凉。正在施工的工人感受着硬生生砸在脸上的雨滴，手上的动作不见一丝停顿，心中却有一种尘埃落定的释然感。

今天的暴雨，终于开闸了！

不记得是从具体哪一天开始，统部的天破了！老天似乎每天总要落下那么几场暴雨才甘心。

“老徐，今年这天也是邪了门，雨下得没完没了。”

“哎！谁说不是呢，我在统部30多年也没碰到过今年这么大这么多的雨啊。”

“咱这路今年估计悬了。”

“别想这些杂七杂八的了，抓紧干活。这雨下一会就停了，咱今天要把这一片干完才行。”

暴雨砸在路面激起层层烟雾，渐渐模糊了那些还在路面挥洒汗水的背影，却浇不息滚烫火热的施工激情。

夜幕，被厚重的乌云盖得密不透光，间或有几缕闪电强势地撕开云层，惊雷猝不及防在耳边炸响。

国道306线项目部所有人透过窗户看着这似乎要把天空压垮的云层，心中弥漫着沉重的不安……这雨，到底要下到什么时候才是个头啊！

噼里啪啦，眨眼间，窗户就被密集的雨水砸得体无完肤。

哒哒哒……哒哒哒……雨中急速奔跑的身影一瞬间攫取了项目部所有人的心神。“快，拿上工具跟我走，前面发洪水了，有车被困在洪水里了！”洪水无情人有情。几乎是在话音刚落的瞬间，项目部就组织了一个救援小分队，不顾倾盆暴雨，带上救援工具，就冲向了事故现场。

黑夜张牙舞爪地吞噬着摸索的背影，暴雨惊雷在耳边咆哮怒吼，试图阻止尚在前行的脚步。

“到了！”

眼前所见让救援队员心中一紧。车辆，被四面八方蜂拥而至的洪水团团围住，车身一半以上淹在洪水中，已经岌岌可危，似乎随时都会被洪水冲走，司机及车内的被困人员绝望而焦急地高声求救。

“别怕，我们现在就把你们拉上来。”

说罢，国道306线项目部救援队员分工协作，齐心协力，经过将近两个小时的拼搏，终于将洪水中的车辆拉上了岸。

面对被救人员感激涕零的道谢声，救援队员爽朗一笑地说：应该的，不用谢！

……

“又有一辆车被困在洪水里了！”

“走！”

有时候，驱使行动的不仅仅是使命感，还有一颗颗善良的心。

请记住，他们的名字是国道306线项目部建设者！

（内蒙古建投　吴　孟）

在“一带一路”建设中展示中冶人风采

“国家队”助力西南建设，吹响“一带一路”冲锋号。

2013年3月，习近平主席在莫斯科国际关系学院演讲时，清晰而明确地向世界传递了一个理念：“这个世界，各国相互联系、相互依存的程度空前加深，人类生活在同一个地球村里，生活在历史和现实交汇的同一个时空里，越来越成为你中有我、我中有你的命运共同体。”习近平提出共建“丝绸之路经济带”“21世纪海上丝绸之路”的重大倡议，唤醒了当今世界对千年古丝绸之路辉煌的记忆，得到国际社会广泛关注和积极响应。以共商、共建、共享为原则，以和平合作、开放包容、互学互鉴、互利共赢的丝绸之路精神为指引，以打造命运共同体和利益共同体为合作目标，“一带一路”建设从无到有，由点及面，取得了超出预期的进度和成果。

“一带一路”建设中，位于西南边陲的云南省发挥区位优势，推进与周边国家的国际运输通道建设，打造大湄公河次区域经济合作新高地，建设成为面向南亚东南亚的辐射中心。

中冶南亚公司代表中国五矿集团和中冶集团在云南省及南亚地区市政建设、高速公路等项目投资、融资、建设、运营，打造中冶集团通往南亚地区以及“一带一路”的“桥头堡”，体现中冶集团“做冶金建设国家队、基本建设的主力军、新兴产业的领跑者，长期坚持走高技术高质量发展之路”的战略定位。

中冶南亚公司将中国五矿核心主业金属矿业、工程建设和贸易业务，以及多元主业金融、地产，金融全牌照和中冶集团的研发和设计优质资源，整合中国五矿和中冶集团在云南的既有资源力量、管理力量、资金和融资力量，立足昆明，辐射云南，坚持战略引领，解放思想，创新思维，努力开创中冶南亚公司跨越发展新局面，取得了显著的成绩。

中冶南亚公司与蒙自市人民政府签订《城市地下综合管廊战略合作框架协议》；与开远市人民政府签订《框架合作协议》；与大理市海东新区管委会签订《战略合作框架协议》；与中国建设银行云南省分行签订《战略合作协议》；与丽江市人民政府签订《战略合作框架协议》；与云南省瑞丽市人民政府签署《项目框架合作协议》；与云南省芒市人民政府签署《芒市宜居宜业生态田园城市建设合作框架协议》。

中冶南亚公司还与玉溪市人民政府、曲靖市人民政府、临沧市人民政府、文山州人民政府、普洱市人民政府、昭通市人民政府等达成战略合作意向。

2017 年，中冶南亚公司与云南能投基础设施投资开发建设有限公司签署《战略合作框架协议》；与昆明市西山区人民政府、西部证券股份有限公司签署《西山区城市发展基金战略合作协议》。

一批协议的成功签订，为中冶南亚公司在“一带一路”建设中展示中冶集团的实力与品牌，为进一步开拓云南建筑市场奠定了坚实的基础。

（中冶南亚　高　堃）

建文明单位　促企业发展

践行社会责任，书写精神文明建设新篇章。

2018 年 4 月 14 日是沈阳市第 19 个“共产党员社区奉献日”，这天，中冶沈勘工程技术有限公司（简称中冶沈勘）党委组织共产党员和青年志愿者开展了“党员奉献日”义务劳动活动——利用周末时间走进公司驻地附近的沈阳市红巾社区，参与该社区“三城联创党员先行 擦亮沈阳争做表率”共产党员社区奉献日活动，对社区内 15 栋楼，共 75 个单元的楼道杂物及垃圾进行了清理。

多年来，中冶沈勘始终坚持以人为本，注重将雷锋精神落到实处，将学雷锋活动常态化。中冶沈勘先后组织开展旧衣物捐赠、走访慰问离退休老干部和老党员、走访慰问抗日老兵等扶危济困活动。2014 年，公司成立青年志愿者队伍，积极推进志愿者注册工作，规范日常教育和管理，完善志愿服务活动记录，并积极开展志愿服务。结合学雷锋活动，每年组织志愿者走进驻地社区开展义务劳动，参与社区各项文体活动等。先后开展了向贫困山区捐献衣物、向 2014 年发生的越南打砸抢烧暴力事件的台塑河静钢厂捐款、走访慰问离退休及家庭困难老同志、走访下放到山东河北等地的职工及家属等活动，积极承担央企的社会责任。

作为驻沈企业，中冶沈勘积极参与沈阳市“双服务”创建工作，通过科技成果转化、信息与技术交流等方式，为沈阳地区城市建设提供服务保障。2017 年，中冶沈勘党委承办沈阳市教科工委“弘扬雷锋精神共建幸福沈阳”主题征文研讨活动，在全公司范围内进行征稿，将雷锋精神纳入员工的日常生活。作为中字头企业，中冶沈勘在取得自身快速发展的同时，对社会公益事业给予了大力支持，用实际行动回馈社会。

中冶沈勘以精神文明建设为契机，推进物质文明、政治文明及生态文明的协调发展，以培育和践行社会主义核心价值观为根本任务，着力深化

文明单位创建工作。

2017 年，中冶沈勘工程技术有限公司获得中共沈阳市委、沈阳市人民政府授予的“文明单位”荣誉称号，并由沈阳市教科工委推荐参加辽宁省“文明单位”的评选。

中冶沈勘围绕中心工作，发挥带头作用，建设“美好沈勘”，以优异的成绩回报党和国家。

（中冶沈勘　刘馨澳）

在特色主题工程领域争当排头兵

——记建设天津欢乐谷主题公园的中冶天工天津华侨城项目团队

天工人的智慧汗水，换来万千人的欢乐。

提起天津欢乐谷大家都非常熟悉，当来自全国各地的游客在这个娱乐设施齐全、四季温暖如春的主题公园尽情玩乐享受时，会不由赞叹承担这座气势恢宏、巧夺天工的建设者，他们就是中冶天工集团有限公司（简称中冶天工）天津华侨城项目团队，这支团队用自己的智慧和汗水，为中冶集团打造“四梁八柱”升级版增添了新业绩，书写了浓重绚丽的新篇章。

天津欢乐谷项目属于天津市重点工程，是丰富天津市人民文化生活的标志性文化娱乐主题公园。主要施工内容包含水陆两大公园和63个小单体，总建筑面积9.6万平方米，合同金额2.3亿元。水陆馆采用异型大跨度钢结构，特别是水大馆结构新颖，国内无先例可循。自开建到开园营业，总共只有15个月的建设周期，在通常情况下，这是一个不可能完成的任务。项目部建立以前期策划为抓手、以成本控制为主线、以技术创新为支撑、以质量安全为保证的运行机制，管理人员天天吃住在工地，深入研究施工图纸，科学组织施工，使现场处于可控状态。水大馆球形网架结构和陆大馆管桁架结构分别创造6项新技术，在施工过程中运用了专利号为201210458884.6坐标转换技术创新成果。水陆两馆荣获了“中国钢结构金奖”。

项目部始终秉持“信念坚定，干好工程的同时更要维护好工程”理念。在完成自身施工任务的同时，还从建设方的角度通盘考虑项目建设应注意的细节问题，为业主排忧解难，取得了业主的充分信任。业主向项目部赠送“最佳合作伙伴”锦旗。在授旗仪式上，业主单位代表说：“中冶天工接受这面锦旗，当之无愧。”

凭借良好的信誉和吃苦敢打硬仗的精神，项目部先后中标了北京欢乐谷三期室内管工程、天津华侨城高层地产项目、天津华侨城小学和天津欢乐谷二期，每一个项目的圆满完成都是对项目部奉行的“信念坚定，干好工程更要维护好工程”的一次有力的验证。

“别在吃苦的年纪选择安逸！”这是天津华侨城项目经理部的座右铭，这支活跃在施工一线的生力军注定是要在火热的工地中度过，他们在特色主题工程领域争当排头兵的事迹必将载入中冶天工的史册。

（中冶天工　徐永博）

携手十五载　美名传四方

和谐共建沙瓦村，MCC 品牌美名扬。

2005 年 1 月的一天清晨，天色尚带些墨色，中冶集团铜锌有限公司（简称中冶铜锌）山达克项目旁一个名叫 Sarwar（沙瓦）的村庄便已经人头攒动，人群中欢乐的气氛冲淡了空气中的丝丝凉意。这时，只听见在一片英语、乌尔都语夹杂的人声中，传来一声带着些许欣喜的中文“合闸”，稍后随着屋檐上的钨丝灯放射出幸福的亮光，人群中响起经久不绝的掌声。也是从这一天起，项目周边的村民告别了原始的刀耕火种，家里那盏曾经点亮数个世纪的昏黄油灯，逐渐地蒙上时间的灰尘，湮灭在历史的长河中。

2017 年 7 月 9 日又是 Amalaf 村的村民期盼已久的日子，中冶铜锌山达克项目为村庄投资的打井项目就要开工了。尽管多年来项目通过送水车无偿向村民供水，但村民始终希望自己的村庄有一口像样的水

井。这口井不再像以往村里那口破旧且经常没水的井那样，它的太阳能供电系统、蓄水池、输水管一应俱全。一阵鞭炮声响后，钻机轰鸣，打井项目正式开工。许多村民弯下略显佝偻的腰，右手抚胸，朝着那面印有 MCC 字母的旗帜深深鞠躬。

类似的情景，在中冶铜锌经营山达克项目以来时常出现。在项目周边的其他村庄和地区乃至辽阔的俾路支省，MCC 品牌福星。在这片贫瘠的土地上，一分的收获需要付出十分的努力。中冶铜锌山达克项目在巴基斯坦发展的 15 年里，用自己的专注和努力持续地推进当地经济的发展，改善民众的生活，和当地人民一道为实现美好生活奋力前行，也由此反哺了项目的稳定发展。如今，项目周边地区已经一扫以前贫穷落后的面貌，项目提供免费的电力、卫生用水和医疗促使民众生活发生了翻天覆地的变化，电视、冰箱、手机等的使用不仅提升了生活品质，也改变了陈旧的思维，曾经的美好梦想随着山达克项目的努力而快速呈现在村民的面前。而眼前的变化，又催发当地人们发展经济的勇气和信心。MCC 这一面迎风招展的旗帜，被当地民众所仰望。

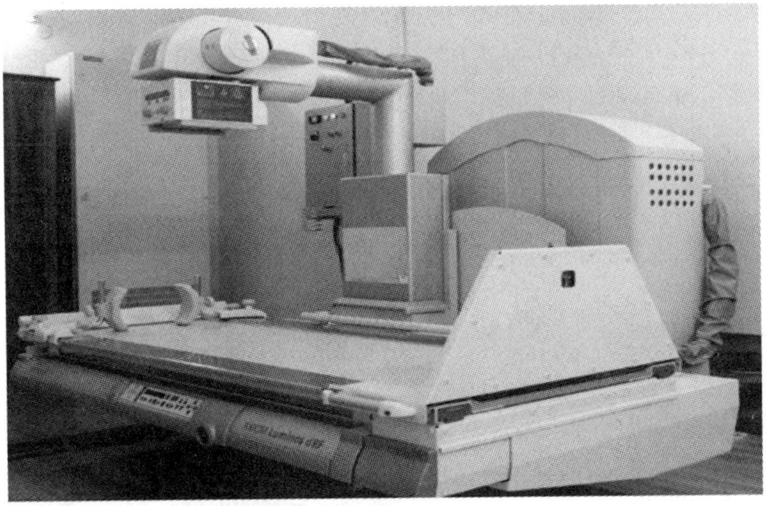

（中冶铜锌　王希龙）

承诺是金

一诺千金，彰显实力。

2013年，由中国和马来西亚两国元首亲自推动、两国政府合作共建的马中产业园区在关丹隆重开园。作为首个入园项目，联合钢铁（大马）集团公司关丹钢铁项目是马中关丹产业园区的重点项目，也是中冶集团武汉勘察研究院有限公司（简称中冶武勘）进入马来西亚的第一个项目。

在以强大的技术及工期优势中标竞得项目后，公司立即组建项目部进行勘察前的准备工作。开工前的碰头会上，业主及马来西亚项目顾问公司工程师对承诺的80天外业工期还不甚放心，认为项目部在80天内根本完成不了约2000个钻孔的勘探任务。因为，这么大的工程量，如果交由当地

勘察队伍承担，需要足足两年时间。为此，项目部人员满怀信心地向业主许诺：中冶武勘有信心凭借自身的实力，圆满完成任务。

为了按时完成繁重的工程任务，工程勘察设计院迅速制订详细的工作计划和勘察方案，并进行细致的分工和科学的管理。由于马来西亚海关极为严格，手续较为复杂，项目部安排专人负责设备采购、运输与办理清关手续，使得人员和设备全都在预定时间内顺利到达施工现场。

勘察的地点位于马来西亚的热带原始森林，天气炎热，水源极为稀缺。当时，又赶上了马来西亚40年一遇的极度干旱季节，近4个月滴雨未下。在近40摄氏度的高温下，只要一干活，工人们身上的汗水就流个不停。另外，由于现场场坪工作仍在进行，灰尘四处弥漫，碰上大风天气，睁不开眼。最可怕的还数遍布当地的黑斑蚊，人被叮咬后容易出现登革热及感染兹卡病毒，严重者危及生命。如此恶劣的气候环境，远远超出了这些饱经历练的一线工人的想象，项目部管理人员心中也开始有些恐惧。但是，为了遵守项目部给出的承诺，他们努力使自己保持冷静，在安抚员工情绪的同时，增加后勤保障人员，并及时采取各种防护措施。最终，项目部通过精心组织和科学管理，克服设备运输及清关繁杂、天气炎热、任务繁重等重重困难，提前5天完成了全部勘察任务，并确保了现场安全零事故。

关丹项目部的全体员工信守承诺的精神得到了业主和当地顾问公司的一致好评，业主专门致函感谢公司及项目部全体员工为项目所作出的贡献。顾问公司张炳芳工程师在项目总结会上激动地说：“你们中冶武勘说到做到，一诺千金，创造了中国速度！感谢你们！”

（中冶武勘　潘志军）

特殊儿童的乐园

关爱特殊儿童，他们一直在努力。

上海中冶医院（金惠康复医院）是目前上海市规模最大、设备齐全的康复医院之一，而儿童康复中心是院内最具特色的品牌治疗项目。走进儿童康复中心的孩子们脸上都挂着笑容，这里是孩子们的乐园。2005年，在医院的总体部署下，蕰川路分院成立了宝山区第一个儿童康复中心，开始作为区定点康复机构帮助脑瘫儿童进行康复治疗。经过近10年的发展，儿童康复中心逐渐发展壮大，越来越多的家长和孩子体会到来自于儿童康复中心的温暖和帮助；也为辖区内患儿治疗带来了便利。从建院到现在，已接诊300名脑瘫患儿，治疗有效率100%，其中不少学龄前儿童在治疗后都回到了学校。目前，治疗中心每天都有近40名儿童前来做康复治疗。2014年，儿童康复中心被评为宝山区医学特色专科。

随着孩子们逐渐长大，儿童康复中心也遇到了很大的挑战，儿童康复中心自身的发展也受到了限制。思路决定为来。在帮助脑瘫儿童克服困难的同时，开放、合作的思路逐渐清晰了。2007年9月中心与宝山区培智学校建立合作关系，开始帮助学龄期脑瘫儿童解决在校期间的问题；2009年7月中心与上海复旦大学附属儿科医院合作，给予儿童康复中心发展提供技术支持；2009年10月中心与宝山区红十字会合作，共同为家庭经济困难的特殊儿童提供经济援助；2010年3月中心与宝山区早教中心合作开展

0 ~6 岁特殊儿童教育康复干预工作；2010 年 6 月与宝山区残联合作，利用现有区内资源建立特殊童辅具中心；2011 年 3 月与宝山区妇幼所合作，建立区一级高危儿童筛查网络，帮助高危儿童及其家庭，使得特殊儿童开始康复的年龄大大提前；2011 年 9 月与宝山区多家幼儿园合作，帮助适龄的脑瘫孩子顺利入园；2012 年 2 月与七色花幼儿园合作建立特殊儿童绘画干预课堂，帮助孩子们提前体验学校的学习、生活；2012 年 3 月与上海大学签订合作协议，建立生命之歌志愿者基地。随着宝山区特殊儿童支持体系的日渐成熟，特殊儿童在医院得到全方位的康复。

目前，上海金惠康复医院儿童康复工作已得到宝山区政府的认可和支持，在院长的大力支持下，儿童康复中心从单一病种服务到全方位康复，“为了孩子，我们一起努力”的使命也渐渐落到实处。医院正在努力建立区一级特色专科，向下一个高度迈进！

（中冶医院　罗军鹏）

汇聚全院力量，抢救产后大出血患者

一双双天使之手，托起生命的希望。

很多人认为当今医疗技术先进，医疗水平高超，把生孩子当成是再自然不过的事情，没能充分意识到孕产妇有多少死亡风险。因此，一旦新闻中出现孕产妇生产过程中死亡的消息，人们都感到震惊。其实，生孩子的风险一直都存在，从来不容忽视。

这是初夏的一个早晨，妇产科人员都在紧张有序地展开一天的工作。门诊医生和护士推着一辆平车行色匆匆地快步进入产科病区，平车上躺着一位待产的孕妇。经门诊医生介绍，该名孕妇为36岁高龄孕妇，胎儿已足月，因为腹部胀痛不适，在家属的陪同下来到医院门诊产检，经初步检查，发现孕妇不规律宫缩现象后立即将其送入病房。主治医生对患者进行专科检查，估计胎儿体重超过4000克，为巨大儿，如果经阴道分娩，风险较大，向妇产科彭文主任汇报患者病情，并与患者及家属沟通交代病情，建议立即行剖宫产术。在征得患者及家属同意后，主治医生立刻完善相关检查，通知各相关辅助科室做好手术准备。

虽然在妇产科中，剖宫产为常见的中等难度手术，但这名患者曾做过3次剖宫产手术，存在剖宫产术中大出血可能，大大增加了手术难度及手术风险。彭文主任组织术前讨论，制定缜密的手术方案，手术由其亲自主刀。

尽管术前讨论预估了各种可能发生的情况，但仍然无法避免术中的意外。麻醉生效后，彭文主任开始紧张手术，逐层开腹，进入腹腔，分解粘连，这时候子宫暴露出来，原本应该呈现粉红色的子宫前壁上，充斥着紫红色的血管丛，血管怒张，厚厚的子宫肌层消失不见，子宫前壁疤痕处变得薄如蝉翼，好像稍一用力就会戳破一样。面对这种情况，手术室内的气氛更加紧张起来，这意味着手术出血的可能性更大了。这时候彭文主任镇定地指示：一是麻醉医师准备新生儿气管插管；二是通知儿科医师到场协助新生儿抢救；三是通知检验科准备交叉配血；四是通知其他妇产科医师到场协助抢救；五是如出血量多随时通知医教部到场组织抢救。

手术紧张而有序地进行着，胎儿顺利娩出，体重超4000克，情况良好，胎盘也娩出完整。正当大家松一口气的时候，产妇子宫切口处突然大量血液涌出，子宫软如袋状。此时，医教部医生到场协调组织抢救，副院长、妇产科主任医师朱雯玉立即赶到手术室上台协助手术。产妇出血量大，胎儿娩出后1小时内出血量超过1500毫升，诊断为难治性产后出血。经腹腔按摩子宫、使用宫缩剂、热盐水湿敷子宫等保守治疗无效后，朱副院长和彭主任当机立断，输血同时结扎子宫动静脉，放置宫腔球囊压迫止血，出血终于停止。患者病情平稳下来，争分夺秒的抢救过程终于结束，大家提着的心也终于放下。回顾整个抢救过程，在各个相关部门、科室的通力合作下，开通绿色通道，使患者及时手术、及时输血，挽救了产妇生命的同时，更保住了产妇的子宫。

（中冶医院　查　媛）

风雨守护　央企担当

——中冶置业华南公司抗击双台风纪实

“天鸽”“帕卡”气势强，中冶置业人更强。

2017年8月23日，第13号台风“天鸽”在广东珠海市金湾区沿海登陆，成为2017年以来登陆我国的最强台风。时隔4天，第14号台风“帕卡”掠过珠海金湾区。来势汹汹的双台风给珠海这个美丽的海滨城市带来重创，给人民群众生产生活造成严重影响。中冶置业位于珠海横琴岛上的两个项目“横琴总部大厦二期”“中冶口岸大厦”与双台风展开了一场正面较量。

在“天鸽”登陆之前，中冶置业立即启动应急预案，及时组织人员转移安置工作，将现场作业人员全部安全撤离；消除安全隐患，对板房、围墙围栏、塔吊进行加固；对水电等设备进行隐患排查。公司领导及总包、各施工单位负责人保持24小时电话畅通，工程管理人员在项目附近安全地点24小时值班，随时待命。

在中冶置业全体干部员工的团结努力下，珠海横琴项目安全抵御了双台风的袭击，两个项目无人员伤亡，除部分施工设备、广告牌损毁外，未造成重大财产损失。台风过后，中冶置业迅速组织人员对项目所有建筑、设备和物料进行全面检查、修复和清理，继续做好24小时应急值守、现场巡查，尽最大努力争取恢复施工。

台风无情，中冶有爱。中冶集团多年来凭借崇高的精神追求、坚定的理想信念和担当精神，为珠海市的建设和发展做出了突出贡献，实现了双方的合作共赢，建立了兄弟般的深厚友谊。作为珠海发展的建设者、见证者，中冶置业在开展生产自救的同时，迅速响应珠海市政府的号召，以高度的责任感和使命感，主动配合和参与珠海市救灾复产工作。

8 月 29 日，中冶置业紧急成立救灾志愿者队伍前往斗门区白藤路路段进行路障清理。台风肆虐后，白藤路街道到处是倒伏的树木，散落的垃圾和树枝。大家顶着 35 度的高温开展清障工作，手挪肩扛，清扫装车，扫不了的就用手捡，搬不动的就喊口号齐上阵。完成白藤路的路障清理后，志愿者们不做片刻停留，紧急奔赴下一个地点白藤湖，全员奋战直到天黑。飘扬的中冶旗帜获得珠海市民的赞誉，群众自发为志愿者送来矿泉水等降温饮品。

无论是面对复杂多变的市场环境，还是遇到艰苦恶劣的自然灾害，中冶置业都将践行“一天也不耽误，一天也不懈怠”朴实厚重的中冶精神，认真履行社会责任、经济责任、绿色发展责任，当好中冶房地产板块“领跑者”、“四梁八柱”的台柱子，为谱写中冶更加辉煌的篇章而不懈奋斗。

（中冶置业　王晓婧）

三　忠诚度篇

昔日冶金主力今朝光伏先锋

不曾间断的 1 小时

因为责任

心心相印　政企协作战洪魔　唇齿相依　患难与共显温情

一场漂亮的攻坚战

跨越提升之战

走南闯北开发人　市场开拓急先锋

用中冶精神点亮丹巴“桃源谷”

暴雨中见证责任与担当

风雨锤炼的钢铁之师

风雨彩虹　铿锵玫瑰

不忘初心　砥砺前行

……

《高天流云》 黑白木刻　陈明

昔日冶金主力　今朝光伏先锋

攻坚克难，钻研创新；勇于拼搏，无悔青春。

在我国大力推进生态文明建设，践行绿色发展理念的推动下，在中冶集团全面部署“冶金建设国家队、基本建设主力军、新兴产业领跑者”的战略定位指引下，上海宝冶集团有限公司（简称上海宝冶）能源环境工程公司紧紧把握转型升级发展机遇，积极投身到“绿色大潮”环境能源型企业的建设中，将传统冶金“黑色经典”品牌效应发扬光大。

偏远的云贵高原原生态的布依族小镇荒凉冷落，贵州关岭新铺 50MWp 光伏电站的建成，却给这片贫瘠的土地披上了新装。仅仅 3 个月，一座座身着银色盔甲、气势磅礴的光伏阵区屹立而起，这现代化进程中的背后，是宝冶人的默默奉献和执着坚守，郭小熠便是其中一员。郭小熠，33 岁，中共党员，现任关岭新铺 50MWp 光伏电站项目经理助理。他 2006 年 7 月加入上海宝冶能源环境工程公司，参加宝钢、宁钢、阳钢等设备维检和大修、技改项目建设，是公司冶金建设主力队员。公司转型后，他积极投身光伏电站建设，先后参与了石林北大村、石林石漠化大型光伏电站建设……从见习生到项目部经理助理，他一步一个脚印，用踏实质朴、刚毅坚定书写着的青春之歌。

以身作则克服万难抓进度

2017 年 4 月，上海宝冶能环承建的贵州关岭新铺 50MWp 光伏电站

EPC总承包项目正式开工。该项目被列为关岭县“2017年第一批重大工程和重点项目”，项目工期紧、任务重、山地地势复杂、送出线路长、施工环境恶劣，施工难度之大在公司历年所承接的光伏项目中前所未有过。郭小熠身负重任，扛起了整个项目的施工、技术管理工作。开工初期，他白天带领技术人员从一座山爬到另一座山勘察地形、选址布点，晚上加班加点整理分析资料，确定施工、技术方案，研究人、机、料资源配置等关键工作。与此同时，他非常重视工程全流程动态化管控制预判，不断结合工期、安全、质量、进度等因素，制定严谨科学的月计划、周计划、日计划，为项目有序推进奠定扎实基础。

潜心钻研精心设计抢节点

新铺光伏电站送出工程长达26千米，沿线森林茂密、高山峻岭、沟壑纵横，塔位坡度陡峭，需要跨越1条高速、2条国道、10多个高压线路段，线路工程创下了地形地质最复杂、施工条件最艰苦、运输距离最远、技术难度最大的“四最”纪录。只有送出线路通道打通，才能实现“6·30”并网，但困难接踵而来。由于时值高考期间，无法停电完成线路穿越作业，等待高考结束再施工，时间根本不允许。一分一秒在过去，郭小熠沉着冷静，不断往返施工现场，调阅相关资料，积极与政府沟通，通过数次论证，他果断采用放飞网、架设绝缘网等不停电作业措施，提前贯通了送出线路，为确保“6·30”并网发电扫清了障碍。

科技创新率先垂范保目标

郭小熠始终奋战在施工第一线。在施工前，他召集施工员、技术员、施工班组反复研究，编制施工方案，力争做到施工方案的科学性与指导性相结合；在施工中，他穿梭于每个方阵，将发现的问题记录下来，对现场的施工进行指导，保证了施工质量的一次通过率高达98%；在施工后，他善于总结、提炼，形成的“大型山地光伏发电系统设计与施工集成技术”科技成果通过中冶集团验收，“山地叉车改造”，获得2017年实用新型专利。郭小熠在贵州关岭新铺50MWp光伏电站EPC总承包项目“抢攻6·30，确保顺利并网发电”立功竞赛中成绩突出，被上海宝冶工会委员会记大功一次。

2017年6月29日，由上海宝冶承建的贵州关岭县新铺50MWp光伏电站 EPC 总承包项目顺利并网发电，今日头条、中国青年网、搜狐网、《贵州日报》等媒体进行宣传报道。郭小熠凭着执著与满腔热血，践行“宝冶铁军”精神，将“昔日冶金主力·今朝光伏先锋”视为人生目标，让“宝冶新能源”品牌诚如自己的名字般熠熠生辉。

（上海宝冶　郭小熠）

不曾间断的 1 小时

5000 多个小时，源于她对“家”深深的爱。

倘若走近中国十七冶集团有限公司（简称中国十七冶）慈湖双创基地的办公室，你会只听到繁忙热闹的电话铃声和此起彼伏的说话声。仔细听来，你只会发现这些声音里出现频率最高的词语是“傅主任”。

“傅主任，明天早上要开工程例会，你准备一下。”

“傅主任，网络断了，什么时候能恢复？”

“傅主任，今天食堂的就餐情况怎么安排？”

面对项目部各位领导，工程部、经营部、物供部甚至食堂等部门的各种突发却急迫的要求，傅主任却能一一爽快的应下，然后有条不紊地妥善解决。

这里说的傅主任，就是现任中国十七冶慈湖双创基地办公室主任傅黎红。

傅黎红主任自 1996 年大学校毕业就加入了中国十七冶的这个大家庭，至今已在中国十七冶默默工作了 22 个年头，这其中有多少艰难和付出，恐怕除了傅主任自己，我们谁也难以真切地体会得到。

但我们可以通过一组数据来感受一下傅主任这些年默默的付出。

项目部上班时间是早上 8 点，但是傅主任却每天坚持在 7 点钟踏入办公室，开始一天的忙碌。每天提前 1 个小时上班，风雨无阻，也无关季节。就这样每天多 1 小时，一年就多了 200 多个小时，然而 22 年的坚持让她比常规的上班时间多付出 5000 多个小时，按 8 小时工作制折算成上班天数就达 600 多天。但是，这 5000 多个小时仅仅是傅主任每天早上的额外付出。如果午休时间手边工作还未完成，傅主任也并不能安心休息，必须一直忙碌到工作完成才能松一口气，而这时候短暂的午休时间已经结束，又得忙

下午的工作了。

锲而不舍，金石可镂。正是傅主任这样不计回报的踏实工作，才使得工作上大大小小的难题能轻松解决。爱岗敬业是傅主任始终坚持信念。

人生最难得的是坚持二字，而支撑傅主任 22 年如一日坚持做到提前 1 小时上班的正是她对十七冶、对工作那份深切的热爱。

（中国十七冶　王　萍）

因为责任

自古忠孝难两全，肩扛责任重如山。

长春空港新区远离市中心，看上去十分荒凉。那里有一群建设者在火热地劳动着，繁忙紧张却有条不紊地将空旷与荒凉变得繁华与美好起来。

面对几十千米长的管廊施工现场，项目工委王书记的心绷得紧紧的。

“刘经理，咱们现场这个企业形象宣传牌还需要加固一下，你看大风一吹，这个牌子不是很稳定啊。”王书记指着前面的宣传牌说道。

“没问题，书记，马上落实。”刘经理爽快地说道。

“嗯，我再去看看咱们项目部食堂建得怎么样了。”王书记转过身准备向项目食堂走去。

“书记!”刘经理一喊王书记就停下脚步，转身回答：

“哎，刘经理什么事?”

“我说书记先过去吧，我去咱们项目那边的现场再看看，对了，晚上的会议是9点吧?”

“对，9点。别忘了带上学习笔记，咱们现在有会议室了，今晚我讲党课。”

晚饭后，王书记在院内来回踱步，猛吸了一口烟后，拨通了手机。

“喂，儿子，下班了?”手机传出略显苍老的声音。

“哎，妈，下班了。一会儿还要开会，明天您过生日，给您打个电话。项目这边事有点多，走不开，不能回去陪您过生日。”王书记声音有些颤抖。

“没事儿，妈这边不用你担心，工作重要，你一定得注意身体。”

“嗯嗯，知道了。妈，其实我想跟您说个事。我调到长春这边工作得好几年，项目马上要组织大干了，抽不出时间回去看您。您年纪大了，自己住在家里我不太放心。要不把您接到这边来吧?”王书记一席话后，忐忑地等待着妈妈的回话。

“妈知道你放不下工作，也放心不下我，一把年纪了在哪儿都一样待着，妈去长春，你安心工作吧。”过了一会儿，声音从手机里悠悠地传来。

“好，过两天，我回去接您。”王书记挂掉电话，内心一阵酸楚。他知道，让母亲离开待了大半辈子的家乡，她有多么不舍。但因为责任，他做出了忠于职守的选择。

（中国二十二冶　王洪迪）

心心相印　政企协作战洪魔
唇齿相依　患难与共显温情

——中国二十冶武汉阳逻之心项目抗洪抢险纪实

洪水无情人有情，危急关头献真爱。

狂风暴雨里，是谁在奔波劳碌送物资？滚滚洪流中，是谁在奋力拼搏扛沙袋？炎炎烈日下，是谁在挥汗如雨堵管涌？没错，就是他们，是可敬可爱的二十冶人！

2016 年 6 月底，武汉市新洲区普降大暴雨，境内多条河流超过保证水

位，河堤脱坡、崩岸、管涌、溃口等险情不断涌现，部分地区道路被淹、交通中断。一方有难，八方支援，二十冶集团武汉阳逻之心项目部迅即启动紧急预案参与救灾行动。

7月4日，由中国二十冶、中冶联合体在内的开发区企业组成的救援车队，将4800瓶饮用水、1200碗方便面等物资一起安全送到了武汉市新洲区凤凰镇受灾最严重的地区，极大程度上解决了灾民的生活问题。6日上午，二十冶防洪抢险突击队向武汉阳逻经济开发区管委会请缨，请求参加平江路变电站防洪抢险任务。经过大家的共同努力，险情得到控制，保障了阳逻经济开发区变电站的正常运行，区内的生产、生活未受到影响。在抢险现场，项目公司总经理成建军接受当地电视台采访时说：中国二十冶集团有限公司（简称中国二十冶）与灾区人民心连心，只要我们团结一致，就一定能战胜洪魔。9日早上8时，抢险突击队协同中交等开发区内其他企业，按照武汉防总的部署，封堵柴泊湖通往长江的管廊。大家团结协作，战高温，斗酷热，一直战斗到晚上8点30分。10日下午，骄阳似火。突击队员不顾连日劳累，再次乘车来到梦园北路铲土装袋，加固开发区变电站的防洪设施，为即将到来的大雨提前做好防洪准备。烈日下，撑

袋、装土、转运、扎口的工作有条不紊，一遍又一遍地重复着。

开发区管委会对中国二十冶的无私无畏、敢于担当予以高度赞扬。此次抗洪抢险过程中，由于劳动强度大，加之天气酷热，部分抢险队员一度中暑，但他们没有退缩，而是与武汉人民手牵手并肩作战，与新洲老乡心连心，谱写了中国二十冶与新洲人民风雨同舟、齐心抗洪的友谊篇章，展现了中冶集团履行社会责任的央企风采，塑造了企业的良好形象。

（中国二十冶　谭　敏）

一场漂亮的攻坚战

成功的吊装，意志的考验。

阵阵的鞭炮声打破了清晨的宁静，在安装租赁公司包钢8号高炉施工现场，高炉主皮带通廊A6段被轻轻地吊起，随后稳稳安装在标高为66.855米平台上……

那时正值北国暮春，安装租赁公司包钢8号高炉建设工地正干得热火朝天。项目部在按网络节点完成了高炉第六带炉壳拼装吊装、下部框架梁吊装、炉顶钢架首件和五通球的安装重任之后，高炉主皮带通廊A6段的安装任务便被提到施工日程上。

A6 段主皮带通廊长 50. 338 米，宽、高各为 5. 4 米，底标高 65. 97 米，顶标高 74. 255 米，重 100. 072 吨，是整项工程中高度最高、安装难度最大和最为关键的通廊。为打赢这场“攻坚战”，项目部充分准备和周密部署。在 A6 段通廊拼装过程中，执行 24 小时轮班作业制度，仅用 15 天的时间，就完成了主皮带通廊 A6 段的拼装任务。

之后，A6 段通廊吊装又是另一项艰巨的任务。他们马不停蹄地对 A6 段通廊吊装吊点和吊车站车位置进行精细计算，反复认真验算。通过验算，要实现一次性成功吊装，就必须调整 360 吨履带吊的工况，将 360 吨履带吊的杆长接到 90 米。接杆要按照厂家的要求，先将 72 米的吊杆全部拆下，在指定位置加接 6 米和 12 米杆。这个过程，至少需要 1 天半的时间。

为了保证按时起吊，项目部决定在吊装前一天的晚上连夜“接杆”。“接杆”工作持续到晚上 11 点半左右，天公不作美，一阵紧似一阵地下起了雨夹雪，气温急剧下降，阴冷的寒风吹得人们阵阵发抖。“接杆”不可中断！项目部的参战人员顶风冒雨，坚持施工作业。直到天将破晓，淡青色的天空仍镶嵌着几颗残星时，360 吨履带吊的“接杆”工作才终于完成。

“接杆”顺利完成，高炉主皮带通廊 A6 段便具备了吊装条件。在起吊的哨声中，360 吨履带吊和 4000 吨米塔吊相互配合，将高炉主皮带通廊 A6 段吊起，稳稳地落在 ZJ4 支架和标高为 66. 855 米平台上，实现一次性吊装成功。至此，包钢 8 号高炉主皮带通廊和高炉本体全面贯通。

（中国二冶　左淑琴）

跨越提升之战

——中国华冶永洋特钢工程攻坚纪实

特别能吃苦，特别能战斗。

2017 年 10 月 6 日，由中国华冶科工集团有限公司（简称中国华冶）承建的河北永洋特钢集团有限公司 200 万吨钢配套工程一期项目顺利竣工，试运行良好，业主及地方政府对工程质量和华冶员工能征善战的施工风格给予高度评价。该项目是中国华冶成立 40 多年来承建的第一个全系统、全流程冶金建设项目。中国华冶抢抓机遇，挑战自我，诠释了中国五矿总经理、中冶集团董事长国文清提出的“聚焦中冶主业，实现冶金建设国家队再拔尖、再拔高、再创业”的号召，实现了冶金建设国家队的新跨越。

挑战自我　精彩蜕变

河北永洋特钢集团有限公司200万吨钢配套工程一期项目为河北永洋集团公司降耗增效、产业重组的重点投资项目，主要施工内容包括炼铁、炼钢、烧结、原料、公辅等五大系统。在华冶公司科学的组织和攻坚下，施工速度和质量得到业主高度赞誉。作为冶金建设国家队的一员，中国华冶人不忘初心，挑战自我，跨越发展，全力展现冶金建设国家队风采，实现了从单位工程施工到全系统、全流程施工的华丽转身。

运筹帷幄　科学组织

面对第一次承接全系统、全流程的冶金建设任务，中国华冶以科学的管理和坚定的信心迎接挑战。公司董事长刘玉军运筹帷幄，统筹部署，并提出“敢于挑战自我，实现新的跨越提升”奋斗目标。集团公司副总经理吴俊祥作为该项目的直接分管领导，亲自指挥督战。公司抽调精兵强将组建项目指挥部，任命施工经验丰富的张显瑞为指挥长，迅速调集土建和机电安装的精锐队伍进驻工地。项目组建之初就确定打造成精品工程、样板工程的创优规划。为确保工程质量和合同工期，项目部成立安全、质量管理领导小组等十几个专业化管理团队，建立科学网格化管理模式，按区域划分施工任务，合理调配人员和机具，保证各施工区域组织到位，突击到位。一场挑战自我、跨越提升的攻坚战在此拉开序幕。

强军突击　全力攻坚

这是一场战天斗地、与时间赛跑的攻坚战。凡是在此参建过的每一位华冶建设者，都难以忘记鏖战攻坚的日日夜夜。

2016年，河北邯郸遭遇了百年不遇的“7・19”特大暴雨洪灾，现场多个工程基槽和设备被淹，受灾十分严重。公司在第一时间做出重要指示，迅速成立以华冶建设总经理王小锋为首的抗洪救灾指挥部，抢险救灾将损失降到最低。业主和永年区委及邯郸市委市政府给予华冶“特别能吃苦，特别能战斗，特别能奉献”的高度评价。

2017年6月至8月，是该项目主体设备安装的攻坚阶段。面对工期紧、工艺复杂、安装精度高、交叉作业多等难题，公司提出“业主的目标，就是我们的奋斗目标”的承诺。为了保证8月底完成主体设备安装任务，公司工会组织召开声势浩大的“保节点、保质量、奋战三个月”劳动竞赛。指挥部每天召开施工调度例会，快速推进施工进度。现场职工每天喝着藿香正气水，在炎炎烈日下作业，以完美的工匠精神，突破多项施工技术难题，按期完成炼铁系统、炼钢系统、原料系统、烧结系统、公辅系统及全厂“中枢系统”电气自动化的安装。

人心齐，泰山移。中国华冶人以“一天也不耽误、一天也不懈怠”的朴实厚重的中冶精神，不断挑战自我、跨越提升、忘我地展现冶金建设“国家队”的靓丽风采！

（中国华冶　王桂华）

走南闯北开发人　市场开拓急先锋

——第六建设经营预算部赵凯傲速写

有播种就有收获，有付出就有回报。

2017 年 11 月 30 日，沈阳机场，刚从山东出差回来的赵凯傲火急火燎地往单位赶。在第六建设工程公司，赵凯傲是个大忙人，他是中国三冶集团有限公司（简称中国三冶）第六建设工程公司经营预算部部长。他的儿子在 20 天前刚刚降临到这个世界上，而他在感受了 20 天的天伦之乐后，又奔向了需要他的岗位。

“小赵，北京这个标对我们来说很重要，开标时候你最好去一下，山东那边的项目最近也有了新进展，辛苦你也跑一趟。”

12 月 16 日，公司参与投标的一个项目将要开标，一直跟进项目的开标时间正好定在了 3 天后，之前定好要去的人员临时不能前往，公司手上又有几个标正在做，当下实在调派不了其他人，只能让赵凯傲先到北京，再奔赴山东。此时的赵凯傲迎接小生命诞生到家不到一周，完全可以拒绝，让他人代替。但赵凯傲认为，工程开标不只是一个形式，还是一个向招标代理公司和业主介绍企业、树立形象和品牌的机会。接到领导的安排后，他迅速安排好出行前需要和同事交代的工作，回家一边收拾行李，一边向双方老人讲明事情原委，随后，便出发了。

“赵凯傲在经营预算部这几年来，打造的是‘精细服务，全程跟踪’战略。我们的业主需要什么，他就满腔热情地提供什么；我们的合作伙伴哪里有困难，他就全程跟踪服务到哪里。”公司副经理张瑛这样评价赵凯傲。

2017 年 5 月 2 日，正在家中和家人欢度劳动节的赵凯傲突然接到电

话：甘肃省刚刚传出消息，将有一大批政府扶持的建筑施工项目准备上马，需要立刻前往当地考察施工环境，着手准备投标事宜。

放下电话，赵凯傲火速赶往单位准备资料，2 小时后，就坐上了前往甘肃的火车。

在第六建设公司经理张殿法眼里，赵凯傲“吃得了苦，弯得了腰，受得了打击”。

从 2017 年初到现在，公司投标数十次，仅 7 月份，就参与投标 10 余次，封标百余本。最多的一天，封标 90 多本。

付出总会有回报。一年间，第六建设工程公司组织参与投标项目 20 余项，工程遍及省内外，每月都有新签合同产生，年底半数以上项目将转化为实际产值。

如今即将“三十而立”的赵凯傲，仍是步履匆匆，奔波于天南海北。天道酬勤。辽宁艾海滑石有限公司已有 3 个项目顺利开工，本溪福耀集团项目也已中标，这是撬开汽车生产市场之门的第一个项目。

（中国三冶　李　宁）

用中冶精神点亮丹巴“桃源谷”

天火使者——为藏家儿女送来光明。

2013 年，总投资 175 亿元的四川省“无电地区”农网改造工程正式启动。该项目属于国家“十二五”规划的重点便民工程，建成后将惠及“三州一市”（甘孜州、凉山州、阿坝州、巴中市），为数十万户的家庭提供电力，送去光明“点亮藏区，中冶使命”带着这一宏愿，2014 年 4 月，中国五冶集团有限公司（简称中国五冶）挺进丹巴，承接了丹巴县 2013 年第一批 10kV 及以下无电地区的新建工程。

尽管中国五冶的“外线队伍”以擅打硬仗而著称，也曾经在凉山州、

阿坝州等多个少数民族地区有过丰富的作业经验，但丹巴新建工程的艰苦环境依然不容忽视。新建工程一共涉及阿娘沟二、三村，半扇门二村，火龙沟一村，喇嘛寺二村，额满村等在内的 24 个乡村。新建 10kV 线路 20.645 千米，新建变压器 45 台，新建低压线路 162.733 千米，通电户数 1410 户，是名副其实的“点多面广”。地处乡村，受丹巴地貌影响，施工地点的平均海拔在 2800 米左右，且山险路陡，好一点的地段也只有狭窄的机耕道路，只容得下一辆农用拖拉机的勉强前行，更多的地点则完全依靠人力背上去、马匹驮上去。

无论条件多么恶劣，“点亮藏区”刻不容缓，中国五冶的“天火使者”们紧张而忙碌地工作着。接点—复测—分坑开挖基础—运送材料—立杆—放线—户表安装，顺着这样的流程，他们每天清晨 8 点出发，前往施工点工作。午餐就着矿泉水或山泉，啃两个自带的干粮馍馍，之后稍做休整，接着干下午的工作，收工回到项目部，已是满天繁星了。所谓的风餐露宿不外如此，但让“天火使者”们难于对付的却是当地瞬息万变的气候环境。丹巴属青藏高原季风气候，除去早晚温差极大以外，山顶与地面的气温最高相差达 24℃以上，山顶雪花盖顶，山脚繁花茂密的情景并不罕见。这样的突变气候，再加上丰富的降雨量，使得“天火使者”们的衣裳经常

干了又湿，湿了又干。严峻的施工环境，考验着每一个人的意志。

回报是苦难孕育的花朵。2014 年 5 月，项目部代表整个甘孜州农网改造工程接受了四川省发改委的检查指导，收到了四川省发改委的表扬信。同年 10 月 28 日，丹巴县第一批 10 千瓦及以下无电地区新建工程成功联动 20 个乡村。

中国五冶“点亮藏区”的行动和“一天也不耽误，一天也不懈怠”的精神，收获了当地藏家兄弟的友谊。“天火使者”们每到一处，都会得到热情的款待，藏民兄弟们拿出滚烫的酥油茶、风味十足的牦牛肉款待他们，为他们献上洁白的哈达。

（中国五冶　谭波澜）

暴雨中见证责任与担当

铁肩担道义，最亮中冶人。

2016年入汛后，长江中下游地区持续遭遇暴雨袭击。从6月30日开始至7月6日，相当于40个东湖的水量倾泻而下，武汉在1周之内，降下了占比全年44%的雨量。

暴雨！大暴雨！特大暴雨！武汉"悬湖济市"，汛情接二连三。面对创纪录的汛情和灾情，中国一冶集团有限公司（简称中国一冶）铁肩担道义，星夜驰援、日夜奋战，在防汛抗洪第一线，创下一段段可歌可泣的英雄事迹。

7 月 2 日，武汉市启动防汛应急二级响应。中国一冶迅速启动 24 小时巡堤机制，组织近 500 人防汛队伍上堤巡查；7 月 4 日，长江水位攀升至 27.5 米，超出警戒水位，青山区临江大道附近倒口湖出现管涌险情；7 月 5 日凌晨 1 点，中国一冶接到区防汛指挥部的命令，要求增派人员驰援抢险，早 7 点，300 名抢险队员准时集结到位，与武警官兵一道，仅用 4 个多小时便完成了围堰合龙，基本控制住了管涌险情。

7 月 6 日凌晨，倒口湖再次出现险情，中国一冶再次增派 200 人抢险。6 日一早，李克强总理冒雨赶赴武汉，直奔倒口湖堤段管涌现场指挥抢险救灾。在抢险现场，李克强总理与抗洪抢险一线的一冶员工亲切握手，对中国一冶参与抢险救灾给予高度肯定，并嘱托员工在抗洪抢险的同时确保人员安全。

7 月 8 日上午 11 点，中国一冶接到武汉市政府和武汉市防汛指挥部通知，紧急驰援巡司河疏浚排涝，要求在 72 小时之内完成巡司河岸线清淤拓宽任务。接到命令后，中国一冶立即行动，200 余名人员分三班倒，人休息机械不停息，现场 50 台施工、保障设备同步施工。经过 2 天连续作业，中国一冶提前完成原定约 1 千米的河道拓宽工程施工，为提升工程整体进度，还承担了约 400 米额外施工任务。最终，经过 49 小时连续奋战，成功将原有河

道从 20 米拓宽至 50 米，加大南湖下泄流量，解了武汉南湖片区水困。

7 月 21 日，中国一冶又受武汉市蔡甸区政府及建设局委托，紧急赶赴通顺河桐湖乡城堤防段进行堤垸抢险加固，经过 7 小时的奋战，装填并运送近 3000 袋加固泥土，构筑起 1.3 千米的堤顶加固带。

在 20 余天内，中国一冶坚守武青堤、决战倒口湖、抢险巡司河、长途跋涉驰援通顺河，累计投入 7000 余人次，各类抢险物资投入近千万元，用实际行动彰显央企的责任担当。

（中国一冶　尹志远）

风雨锤炼的钢铁之师

钢铁般意志，谱壮美诗篇。

美丽的南海，拥有亚热带的自然风光，也拥有狂风巨浪。风和日丽的时候，碧海蓝天景色宜人；热带风暴来袭时，却狂风怒卷惊涛骇浪。而守护在她身旁、驻扎在东海岛上的是一支风雨无惧的钢铁之师——中冶宝钢技术服务有限公司（简称中冶宝钢技术）第四分公司，他们面对狂风巨浪，勇猛顽强，不改钢铁之师的信念与忠诚。

2015 年 10 月 4 日，受强台风“彩虹”袭击，湛江钢铁满目疮痍。皮带供料系统多数被吹翻损坏，高炉供给系统堵塞，原料主码头 3 台卸船机及综合码头 1 号卸船机被台风吹倒，庞大的机身倒入海中；部分产线及设

备设施受损，湛江钢铁被迫临时停产。“钢铁之师”又一次写下抗灾抢险、紧急抢修、快速度恢复生产的壮美诗篇。

“10·4”台风，考验着刚刚投产的湛江钢铁。灾情险情刻不容缓。钢铁之师以主人翁的责任感，扛起战旗，挑起重担，展开生产自救与设备抢修工作。

上海本部心系湛钢，及时组织专家及骨干力量，赶赴湛江支援救灾。钢铁之师拧成一股绳，废寝忘食、昼夜不停地施工，两天内修复22条输送皮带机，恢复了供料系统和供给通道；8天完成综合码头1号卸船机拆除及廊道的修复工作，打通原料运输通道，缓解物流压力，以最快的速度恢复部分厂部的生产。同时，整治被台风吹倒的树木与零乱的杂物，及时恢复厂容厂貌。47天恢复了30万吨码头皮带机生产；54天后，3000吨卸船机滚装上岸；70天后，30万吨主码头卸船机抢修提前15天全面完成，恢复码头泊船作业，夺取抗灾抢险全面胜利。

在这场艰苦持续的抢险战斗中，每一仗都异常艰难。他们攻坚克难，排查隐患，保障安全。电气室进水，通讯站断电，作业人员摸排、测电、验电，及时敷设缆线恢复通讯及供电。主码头钢栈桥立柱歪垮调整修复没有工具，施工人员灵活运用“滚动”原理，赶制专用滑移工装，配合钢结构井架与压顶机完成钢栈桥立柱更换，打通主干物流动脉，为后续抢修架构通道。

在卸船机抢修战斗中，“钢铁之师”克服多重困难，多次修改打捞方案，连续作战，支撑不住了，就在角落里打个瞌睡；嗓子熬哑了，喝口水含一颗喉宝继续施工……

抗台抢险战斗获得巨大胜利，中冶宝钢技术多人立功，不仅获得了湛钢钢铁的表彰，还收到湛江市政府的感谢信。

狂风吹不垮，斗志永不息。中冶宝钢技术这支“钢铁之师”经历风雨锤炼，更加顽强，更加勇猛，更加忠诚地守护着湛江钢铁。

（中冶宝钢技术　陈兴梅）

风雨彩虹　铿锵玫瑰

巾帼不让须眉，上阵不辱使命。

冶金设计这个行业，鲜以年轻光鲜的面孔示人，大抵因为在这个行业里，很少有人能有所成，光鲜的外表也不会为你的专业素养加分。你能看见奔波在营销一线的，大多是科班出身、懂专业、脚踏实地在设计基层磨砺了很多年的复合型人才，他们被称为项目总设计师。而在这个以男性占绝对数量优势的行业里，会有多少女性选择冶金设计这个专业并成长为总设计师的呢？答案是少之又少。王明侠就是这个“少数派”中的一员。当被问到如何看待自己这份工作时，她爽朗地答道：就像田震唱的那样：“再苦再累无所畏惧，无怨无悔从容面对。拔剑扬眉豪情快慰，风雨彩虹

铿锵玫瑰”。

近年来，钢铁产能严重过剩，行业步入前所未有的严冬期，中冶北方工程技术有限公司（简称中冶北方）作为钢铁行业上游企业，受到很大冲击，合同额大幅减少，主业市场不断萎缩。作为公司市场营销部副部长的王明侠深感重任在肩，她不仅时刻关注市场信息，还利用业余时间学习国家行业政策，通过深入实际的调查和分析，将合作企业按照规模实力、资金信誉、品种结构、经营方向进行分类管理。对于大型国有钢企，她带领团队及时交流新技术、新科技，始终保持中冶北方在烧结、球团行业的技术引领地位；对于良性运转的民营钢企和小型国有钢企，她带领团队主动出击、积极接洽，力求在项目中赢得口碑和品牌效应。她始终坚持的经营理念是“只有把技术转化为市场，才能发挥作用，产生效益，市场的需要是技术发展的动力”。

2016 年，中冶北方与中天钢铁集团达成战略合作伙伴关系，为公司的市场开拓带来了转机，随之而来的近 6 亿元合同额的环保技术改造项目落在了王明侠的肩上。作为项目的总设计师，她的工作宗旨就是始终以客户利益最大化为中心，尽职尽责为客户做好服务。为了得到中天钢铁的信任，缩短磨合期，她带领项目团队吃住现场 1 个多月，把现场 10 多座高炉、8 条烧结生产线及料场、公辅设施了解得一清二楚，终于拿出一份令

客户满意的规划方案。几轮谈判下来，中天集团表示愿意在铁前领域与中冶北方长久合作。与此同时，王明侠依托该项目开创了 EPCM 经营模式，凭借优化技术和精细管理降低工程投资，保证了工期。

王明侠经常对团队人员说："我们做的事说小了是份谋生的工作，说大了是为了中国的烧结球团事业，中冶北方就是要站在'国家队'的高度提升中国在世界的影响力，这是我们的责任更是我们的使命。"

（中冶北方　李　迪）

不忘初心　砥砺前行

十年的坚守，不菲的业绩。

已经是夜里10点钟了，中冶大厦31层的灯光依然亮着，像黑夜里闪烁的星星。安静的办公大厅里仍然有人在电脑前工作，她盯着电脑里的统计表格，一会儿不时地用笔记下，一会儿又在两个表中核对数据……表情专注而认真，让人不忍心去打扰，好让她尽快做完回家。落地窗外是万家灯火，三环路的车都急速地跑在回家的路上。

这只是中冶财务票据业务人员工作的一个缩影。为了搭建中冶集团票据集中管理和运作平台，开展票据业务创新和统筹管理，为集团成员单位降低财务费用，他们所在的部门——金融服务部就这样坚守着自己的岗位，克服一个又一个的困难，而这样的坚守对他们而言不是一年两年，而是10年。

回顾中冶财务票据业务的发展历程，往事历历在目，令人感慨万千。票据业务从无到有，从小到大，从单一业务到多元化业务，10年公司累计完成票据贴现业务总额112亿元，为股份公司集中票据63亿元，贴现利息总收入1.48亿元，为集团公司节约利息支出近1亿元，为子公司节约保证金33.6亿元。每年都保持10亿元左右的票据额，平均每年几千张的贴现票据量，从每张纸票的接收、审核、查验、贴现、登记、入库，到背书、托收、交接、回款确认，再到盘点对账……每张票据上面都浸透着票据管理人员的细心与汗水，在票据人员极为紧张的情况下也没有发生过一差错。

2014 年，票据业务迎来新挑战。按照集团规划部署，积极开展票据池业务是集团资金集中管理的重要内容。公司票据池业务的推广与开展，经历了三个阶段的跨越式发展。面对一次又一次困难，面对一次又一次创新，票据业务管理人员用事实说话，不怕困难，不辞辛苦，既要联系银行又要与各家子公司沟通，办公室里不断传来电话铃声和通话声，有时他们连喝水都顾不上，经常嗓音哑得都说不出话，就连家属住院做手术期间都没有耽误票据业务工作的进展。难以想象这是怎样的一种责任心与执行力支撑着他们前行。

随着金融监管部门对中冶财务延伸产业链金融服务的政策支持和人民银行票据交易管理办法的出台，票据业务的严冬即将过去。公司票据业务人员的工作热情更加饱满，他们发扬中冶人“一天也不耽误，一天也不懈怠”的精神，积极拓展金融产品，开展金融创新，着力为集团和子公司提供更优质的金融服务和财务管理服务。

（中冶财务　马　红）

结算人

——手眼间的坚守

4800 次的敲击，一种精神的坚守。

2016 年 5 月 16 日上午 9 点，随着结算专机室里清脆的敲击键盘的声音，结算员王一鸣和韩佳凝完成了第一笔存贷款轧差结算业务的操作，这又是一款新的为子公司节约财务费用的创新产品，它的实施意义重大，会使包括中冶京诚工程技术有限公司和十九冶在内的第一批试点单位，乃至未来将要推广的各个子公司为之受益。但是作为结算岗位，这只是他们每年将近 4 万笔业务和 6000 亿元结算量中的一次而已。

结算工作是中冶财务最基本的业务之一，也是集团资金集中最基础的工作。每天早晨一上班，结算员们便开始了一整天的忙碌。从核对每一个银行账户的数据到支付每一笔客户提交的请款，从开始接单营业到日终签退关机，日复一日年复一年，8 小时内结算岗必须保证随时的业务处理，在规范流程内以最快速度完成并保证准确无误。中冶财务开业将近 10 年来，约 28 万笔结算业务就这样安全快捷地在结算员们的快眼快手间流转。

4800 次，这是一个结算岗每天要敲击键盘和鼠标的平均次数。在一个文字工作者或游戏发烧友看来，这个数字微不足道，但是对于一个结算岗来讲，他的每一眼看错数据、每一次错误敲击都有可能“差之毫厘谬以千里”，因为每一笔业务平均金额均在千万元以上，有的甚至达几十亿元之多。他需要在金额、单位、账号、省市、银行甚至备注文字间迅速而准确地做出判断选择。“不可急、不可慢、不可错”，这是对结算员的基本要求。忙中出错是致命事故，迅速快捷是客户需要，准确无误是基本要求，这些平凡的准则在结算员们手指一次次清脆的敲击声中准确地实现。同时，手指僵硬、眼睛酸痛几乎成了结算人的“职业病”，所有这些，看似烦琐平淡，实乃一种坚守。

结算业务基础而琐碎，但却是公司所有业务的交汇点。近10年来，以结算业务做起如今在各个岗位工作的业务骨干共计10多名，有的还成为其他公司的业务领导。人员的流动并没有打破结算业务坚守的职责，变的是岗位人员一张张年轻朝气的脸，不变的是岗位人员手眼间的操守和职责信念。

用默默无闻、任劳任怨、持之以恒这些词语来形容结算人员实不为过，而他们内心的执着、担当、坚守更是在行动中得到淋漓尽致的体现。数字是动作、歌是动情的。10年间，约28万笔结算业务、5.5万亿元结算金额、管理1500个银行账户、每日4800次的键鼠敲击，这些数据的背后满是结算人对工作的激情、对客户的真诚、对自己手眼间的坚守，更是对“一天也不耽误，一天也不懈怠”精神的执着践行！

（中冶财务　单春虎）

小屋故事

小屋大爱。

这间小屋是由员工活动室临时改造而成的本钢二烧项目办公室，正中间放着一个乒乓球台，拆掉拦网后当作集体办公桌使用。屋子角落展柜上摆着许多落满灰尘的旧奖杯和两屉发黄的书籍。原本破败斑驳的墙壁用掸子拭去尘网，庄重地挂上项目经理部的展板条幅，左边是“建设美好中冶，打造活力长天”，右边是“一天也不耽误，一天也不懈怠”。

随着“吱呀”一声，李传宝推门而入，他抖了抖身上的雨水，擦干手，摁亮灯，屋里一下明亮起来。传宝的脸色带着担忧，90 天的合同工期先是被业主提前到 80 天，后来又压缩到 75 天，施工现场的情况本来就复杂而又紧急，偏偏这时候天气又不给力，进入雨季的施工现场加大了施工难度。大雨冲刷着面临拆除的极板，也冲刷着他的心。

“8 月 9 日大雨，一号室进度……”李传宝开始写当天的施工日志。他一边记录一边思考：新灰斗拼接可以和旧斗拆除同时进行，这样可以赶出 3 天进度，估算下来场地应该是刚好够用，但是人手短缺的问题就更严重了。

“天净承诺下周一增加 10 名工人。”话落人至，景涛拍打着工作服迈步进来。

“怎么才回来，去哪儿躲雨了？”

“一下雨就让高空作业都停了，我担心安全问题，特地去施工现场检查了一下。”景涛脱下安全帽上，摘下“安全负责人”袖标，叠好塞进帽子里。“安全是天大的事，我得盯着点。明天午饭后我去上一次安全教育课。”

李传宝点头说：“这两天现场的工人明显少了，活也出得慢了。天净再不给他们发钱人就跑没了。”

“是的呀，咱给他付过去的钱全用来订货了。现在只能指望第二笔钱早点拨付，让他们赶紧加派人手。”

“所以说业主的工程款得赶紧到账，咱们也好尽快支付给他们。”

景涛感到有点烦闷，推开窗户，让风吹进屋里来。

“你看，他俩回来了！”

李传宝顺着看过去，只见陈鹏抱着一个电脑包朝这里一路飞奔，赵嘉琦在后面呼哧呼哧地跟着。

“拿到钱了！”陈鹏一进门就大喊。

“拿到钱了！”第二个冲进门的赵嘉琦也大喊。

“你俩怎么淋成这个样子？”景涛接过宝贝一样的电脑包，小心翼翼地取出3层档案袋包着的小油纸包。

“71张承兑汇票，工程进度款全在这。”陈鹏喘着气。

“我俩在银行数了3回，1块钱也不差。”赵嘉琦也喘着气。

“你们就这么跑着办的？也不打个车？”李传宝给他们递上干毛巾。

“市内下雨堵车，两条腿反而比四个轮快一点。”陈鹏擦了擦头上的雨水。

“在铁厂财务部和集团结算中心跑了好几趟，刚好赶在银行下班前把钱拿到了。”赵嘉琦脱下外衣，哗啦啦拧出一大摊水。“可惜不是电子承兑，这纸质版的还得赶紧送回公司。”

可是应该怎么送呢？景涛当机立断：“我马上带着承兑去沈阳，今晚飞回长沙，明天一早去公司办手续。”

“时间不早了！”陈鹏看了看表，时针指在6和7之间，说：“我开车送你过去，还赶得上最晚一班飞机。”

“你去换衣服，我来给你订票。”

“我去买点吃的给你带上。”

“记得给天净打电话，让他们尽快来办收款手续。”

“好的！”

“这两天现场的安全你一定要好好盯一下。”

“好的！”

……

晚上10点，沈阳飞往长沙的飞机悄然升空。另一边的本溪，还是这间小屋里，几个长天人刚刚结束完一天的工作。

“这周少一个人，就不轮休了，周末大家一起去值班吧。”

“好的！”大家异口同声地回应。

小屋里的灯暗了，今天的故事到此结束。但过不了几个小时，小屋里的灯会再次点亮，新的故事又将拉开序幕。长天人，一天也不耽误，一天也不懈怠，一笔一画地书写着壮美蓝图！

（中冶长天　赵嘉琦）

十年磨一剑　有色工程服务“国家队”立新功

只为“心中的日月”增光添彩。

4000年前，印度、亚欧板块碰撞，引发横断山脉急剧挤压，形成世上独有的三江并行奔流170千米的奇特自然景观。这里，是祖国西南的净土，藏语意为“心中的日月”；是《消失的地平线》里古老的香巴拉，是“群山峻岭中的永恒和平宁静之地”；是滇川藏交汇的雪域高原，雄伟神奇的横断山脉纵贯南北；是高山花园，世外桃源，更是鲜为人知的有色金属王国，秘境深处的大山普朗已经沉睡千年。这里，是人间圣地香格里拉。

普朗铜矿位于云南省西北部迪庆藏族自治州香格里拉县东北部，海拔

3600～4200 米，属于高海拔矿山，是国内最大的有色金属地下矿山。普朗铜矿一期采用中国恩菲核心专长的自然崩落法采矿工艺，拥有自动放矿、无人驾驶、长距离胶带运输、井下旋回破碎等现代化设备，囊括当今世界上采矿、选矿、尾矿等诸多先进技术和装备，项目建成后，将成为国内采矿工艺最先进、装备水平最高的特大型铜矿山。

2004 年，中国恩菲启动项目投标准备工作。2005 年，凭借最优技术方案和先进环保的设计理念，中国恩菲成功中标。然而由于项目所在地环境特殊，从中标之日直到 2014 年，项目推进都倍加艰辛。2005—2014 年在建设单位和中国恩菲的不懈努力下，先后从联合国教科文组织，国家住建部、环保部、发改委和云南省获得《三江并流世界自然遗产地边界细化》《三江并流风景名胜区总体规划修改》《项目环境影响评价批复》《尼汝河交界河水功能区划调整》《开工许可证》等重要法律文件。2014 年，恩菲人终于迎来普朗铜矿正式奠基的历史性节点。这座由中国恩菲设计的国内最大地下矿山，成为“十年磨一剑，今朝剑出鞘”的最佳诠释。崭新面貌张开胸怀，恩菲人用精湛的技术和卓越的服务，为“心中的日月”增添了夺目的光彩。2017 年，伴随普朗铜矿成功投料试车，一座现代化的矿山矗

立于雪峰峡谷、湖泊草原、庙宇农家之间。

10 多年来，在从未间断的服务保障和技术支持中，恩菲人和普朗铜矿相伴前行，彰显着敬业忠诚的恩菲精神。莲花盛开处，中国最大地下矿山即将傲然于世，恩菲人的敬业和奉献，将在设备的轰鸣声中得到最好的诠释。

（中国恩菲　刘梦飞）

委内瑞拉靠谱好司机

——记中冶国际外籍员工 LEO

同样的中冶人，同样的中冶精神。

“示威游行、堵路罢工、严重通货膨胀、物资短缺、骚乱、哄抢、飞机停航”这些敏感词汇，近年来高频率地出现在各种国际媒体的头条，尽管部分媒体的报道带有些许的政治色彩和偏见，委内瑞拉政治动荡和经济衰退却是不争的事实。随着政局的不确定性和通货膨胀的加剧，大部分中

资企业陆续撤回国内。中冶国际工程集团有限公司（简称中冶国际）委内玻利瓦尔奥尔达斯的球团项目在各参与方积极配合下，通过中冶国际的各种努力使项目在如此艰难的环境下得以正常推进，再次向委内瑞拉证明了中冶人靠谱的契约精神。一支靠谱的中冶团队正在为这个项目的顺利竣工而奋力拼搏。

今天故事的主人公LEO是这个靠谱中冶团队的一员。LEO是委内球团项目的一名普通外籍员工，他作为项目专职司机为MCC工作4年了，也许是性格里自带朴实厚重的靠谱或是长期受到MCC文化的熏陶，这种相互靠谱和信任使LEO这个英俊帅气的南美小伙深深地融入MCC项目部这个大家庭。

作为项目通勤中巴司机，LEO无论刮风下雨，均能按时到达驻地保证按时出发。他家距项目驻地30多千米，相当一段时间LEO的“N手”小汽车在大修，而他每天早上不到5点就要动身，经过2次转公交，还需步行30分钟才能到单位。作为通勤司机承载着整车人的生命安全，他深知责任重大，从来都是严守交通规则，保证不发生过违规和危险情况。

作为专职司机，LEO 明白中巴车就是他的阵地，每天必须抽出 30 分钟认真检查车辆、做好记录、排查隐患，并及时维修保养。

作为外籍员工，LEO 身上同时具备着中冶人的无私奉献精神。为了不影响工作日的通勤，他利用多个周六、周日加班维修车辆。按照委内瑞拉习惯，小孩出生，作为父亲可以有 15 天假期，但 LEO 为了不影响项目的通勤，主动提出放弃休假。

中冶人的朴实、厚重、诚信、善良、敬业等诸多特质在 LEO 身上得到了完美体现。LEO 这位虔诚的天主教徒每每路过教堂，都会在胸前画十字架，有同事问他在祈祷什么，他说，希望国家和平、远离动荡，祈祷我们所有人都健康、快乐、幸福。

这位靠谱的委内瑞拉好司机，像成千上万个中冶人一样，没有惊天动地的壮举，只是日复一日工作着，在这个动荡的环境中坚持着朴实厚重的职业道德操守，在自己的人生舞台上进行着本色演出。

（中冶国际　张振锋）

众志成城　转运钢材

一场忘我苦战，一曲感人赞歌。

2012 年底，一起钢材贸易纠纷给中冶集团国际经济贸易有限公司（简称中冶国贸）造成巨大损失，贸易商抵押库存造假。为最大限度掌握货权，降低损失，中冶国贸早准备，精心准备，周密部署，全体员工 50 余人经过苦战 60 小时，于 12 月 23 日 19 时，顺利完成 10890 吨热轧钢卷的转库保全。顶着零下 4 度的严寒和多家债权人的强烈阻拦，中冶国贸全体员工用无畏的精神和忘我的斗志谱写了一曲危难时刻挺身而出、众志成城转运钢材的感人赞歌。

准备充分指挥若定

12 月 20 日下午，接到地方法院同意转库保全的通知后，中冶国贸领导班子立即召开动员会，启动钢材转库应急预案，对转库工作作出全面布置。抢运战斗组、设备运转保障组、后勤保障组、宣传报道组等全体到位，落实到场法院人员，行车、吊车、平板车、转运目的仓库，应急预案制定、抢修技术装置备品备件等负责人及相关措施，发现问题及时处理。

众志成城转运钢材

12 月 21 日，按照转库应急预案，员工在仓库守候，运输钢卷的平板车有序排列在仓库门口，等待法院人员入场确认后开始转库。抢运战斗组开始转库前再次检查设备完好情况，却发现吊钢卷的行车被人恶意破坏。公司领导在已有修理工的情况下又增派两批修理工援助，经过数小时的抢修，终于在 21 日 16 时开始起吊钢卷。在转库期间，出现变压器烧坏等情况，技术保障组依次妥善解决，后勤保障组积极为战斗在一线的员工提供棉大衣、安全帽、手套、劳保鞋等防护用品，并在工作棚提供取暖器、热水、食品，供抢运战斗组换休人员使用，同时安排好休息场地。在转库指挥中心，技术保障组按照员工和行车、平板车技术人员情况排成早班、晚班、夜班，有序安排人员奋战。出库过程中，抢运战斗组仔细核对出库单据和钢卷编号，并认真做好出库记录；进库过程中，抢运战斗组仔细核对登记入库单据和钢卷编号，并认真做好管理台账。23 日 19 时，随着第 363 个钢卷起吊转库，转库任务顺利完成。

领导关怀暖人心顺利转库有保障

紧急转运钢材牵动四方，集团领导多次关心询问转库实况，再三嘱托，注意安全，以人为本，不能出现人身伤亡。为了保障安全，中冶国贸领导再三论证完善钢材转库应急预案，定岗定责。领导靠前指挥，与同志们战斗在一线，因组织到位，措施得当，整个转库过程井然有序。

由于有中冶集团领导的关怀、中冶上海企业工委和在沪兄弟单位大力支持与帮助，以及中冶国贸党政领导班子的正确决策，员工细致入微的工作，钢材转运安全顺利，彰显了中冶国贸全体员工忠诚企业，爱企如家，以及“特别能吃苦”“特别能战斗”“特别能奉献”的崇高精神。

（中冶国贸　王　璠）

马来西亚“拓荒记”

眼光之独到，内心之执着。

杨若冰，中冶海外工程有限公司（简称中冶海外）副总经理、中冶海外马来西亚公司总经理。他被大伙誉为是中冶集团在马来西亚市场的“拓荒者”。中冶集团能够在马来市场取得优异成绩，与杨若冰的努力分不开。

2009 年，杨若冰独自一人前往马来西亚吉隆坡，开始了他的“拓荒之旅”。当时，入驻马来西亚的中国企业屈指可数。一切安顿妥当后，若冰很快便投入工作当中。然而，中冶海外作为一个刚刚进入到当地市场的新企业，摆给若冰拓展市场带去的困难可想而知，不被认同，到处碰壁，每

次竞标都以失败告终。

经历了若干次失败后，若冰并没有气馁，而是静下心来，认真思考，总结经验，最后他决定将视野放宽，把市场布局扩展到马来西亚其他州属。之后的一段时间里，只要业主对公司感兴趣，不论什么时间，不论多远的路程，若冰二话不说便在最短时间内前往，与业主会面。

有一次，一家业主在丁加奴有项目并且希望能与若冰当面洽谈，当时约定的时间很紧，加之丁加奴又偏远，但若冰二话没说，独自开了 8 个小时的车到丁加奴与业主会面。还有一次他应业主邀请去一个偏远的地方洽谈业务，谈判中由于双方意见出现分歧，业主自己开车独自离去把若冰一人扔在了当地。若冰只好一个人边往镇上走，边寻找出租车，最终在当地人的帮助下，几经周折，才乘上返回吉隆坡的出租车。

“一天也不耽误，一天也不懈怠”，就是凭借着这种精神，若冰在开拓市场的事业上一直没有停下脚步。两年后，若冰的付出也终于有了回报，中冶海外马来公司成功中标了一个大型项目，这个具备里程碑意义的大型项目就是位于雪兰莪州八打灵再也区的 Tropicana Avenue。这个项目的成功中标，是对若冰在马来西亚奋斗两年最好的肯定，也为中冶集团在马来西亚的发展奠定了厚实的基础。

此后，中冶集团在马来西亚的市场开发遍地开花，成功签约了吉隆坡230米高五星级W酒店与服务式公寓、凯宾斯基酒店、关丹产业园350万吨钢铁厂、丁加奴州海河开启桥等众多代表性项目，涉及高端房建、冶金工程、基础设施等多个领域。目前，中冶海外马来西亚公司已经在当地完成了业务版图全覆盖。

（中冶海外　黄文浩）

康承业：不负集团的重托

“白加黑”的拼命三郎；与时间赛跑的“空中飞人”。

2016年7月2日，在中冶集团召开中冶华天工程技术有限公司（简称中冶华天）与原中冶东方包头院战略重组干部大会上，康承业的表态发言掷地有声：战略重组后的新中冶华天2500名员工一定会坚定信心、同心携手，让“大马院”“大包院”的品牌发扬光大，南北两地比翼双飞！请集团公司放心，全体华天人一定会将中冶华天“二次创业、跨越发展”推向成功！

算起来，短短的两年半时间，这是康承业第二次临危受命。

2013年底，在经济下行、钢铁行业走势大幅下滑的严峻形势下，康承业担当起中冶华天的掌门人。上任之初，他在“大势中谋大事”，确立“制定一个好战略，塑造一个好文化，创造一个好模式，建设一支好队伍，取得一个好业绩”的“五好”工作目标，绘就“二次创业，跨越发展”的改革转型路径。他果断推进实施战略、文化、组织、人事、经营机制、制度、分配、财务一系列战略调整和改革创新。仅用一年的时间，全方位打造了一个全新的华天，创造了落实合同60亿元、营业收入43亿元、利润3亿元的历史最好成绩，分别完成中冶集团下达预算指标的147.2%、122.8%和136.4%，员工人均收入同比增长10%，进入中冶集团科研设计类企业第一方阵。一年时间匆匆，他却兑现了上任伊始所做的“让公司业绩更优秀、让员工生活更殷实、让社会各界更满意”的庄严承诺。

2015 年，在接过全国劳动模范荣誉后，康承业继续“蛮拼”：全力推进以提升综合创新能力、专业设计能力、工程管理能力、工程咨询能力和运营服务能力等“五种能力”为支撑，大力促进钢铁冶金、环境能源、房建市政、工程咨询和地产开发“五个业务板块”的“五五”发展格局。这一年，中冶华天边际利润率、营业收入利润率、净资产收益率、人均创利、人均收入在中冶集团位居前列。

2016 年，国内经济增速持续放缓，低位运行，很多企业感到了从未有过的艰难。康承业面对时势，灵活动机，创新求变，思路引跑，紧抓当下最重要的、抓长远最需要的市场开发。他带领班子成员坚定地走“工程建设服务商”“产业发展服务商”“城市运营服务商”这一企业高端发展之路，以此带动“施工总承包”“传统咨询设计”“工程总承包商”全产业发展，着力打造成为钢铁冶金、环境能源、房建市政、工程咨询、康养产业五项业务并举的“城市与产业发展系统解决方案提供商”“工程项目投资、咨询、规划、设计、建造、运营等全生命周期服务商”。

正当中冶华天转型发展步入正轨，渐入佳境之时，中冶集团又委以重任，将中冶东方包头院交给了康承业。康承业一以贯之地以敢于担当的姿

态直面挑战，以投鞭断流的气势和背水一战敢于胜利的信心与意志，全面迅速推进重组进程。

2016 年，中冶华天新签合同额 176 亿元，是 2015 年的近 4 倍，其中非钢业务占比达到 90%，并实现了公司 54 年来的第一次全面转型。而历经一年蜕变重生的中冶华天包头院在消化了所承担的 6.75 亿元贷款利息 1480 万元后，仍然实现盈利 1261 万元，一举实现“半年扭亏、一年崛起”的奋斗目标。

4 年多来，1500 多个日夜，记录着康承业“5 +2”“白加黑”的奋斗历程和倾力奉献。他总是事不避难，敢于担当，忘情投入，忘我付出，冲锋在最难最急最前端，破解发展难题，不知疲惫。被誉为“空中飞人”的他每年出差 150 天以上。他与时间赛跑，每天早上 5 点多起床谋划和思考公司发展，直到深夜仍在微信群中统一思想，推进工作。机场候机室、火车上、旅途中……都是他的办公场所。虽然公司离他上海家里很近，但因工作，他常常两 3 个月才回家一次。

康承业总是在拼，其实哪有什么洪荒之力，不过是咬牙坚持。他就是不服输，总是一股脑地想把事情办好，一心想把企业做好。尤其是整合重组以来，他的工作节奏更快了。长期奔波劳累让他患上了带状疱疹，但剧

烈的疼痛也没有阻止他奋斗的脚步。

无论是中冶华天员工，还是其他单位人员，都深深地被康承业的智慧和精神所折服，纷纷发出这样的感叹：人生能有此领导，是人生之幸，当全力追随。

如今，中冶华天的新气象、新形象、新面貌不断刷新，这浴火重生的背后是康承业对广大员工的暖暖的爱、对企业浓浓的情和对中冶集团沉甸甸的责任。

（中冶华天　李　玮）

修理专家的人生修行

学和钻研成就“发明家”。

覃宗毅是中冶建工集团有限公司（简称中冶建工）混凝土公司汽修维工段泵送维修班班长，他怀揣泵送设备维修绝技，即使“病入膏肓”的陈旧设备，他却可手到病除，他有“听声辨故障百分之百”的本领。此外，因勤动脑、善发明而名声在外。

混凝土泵车底盘低，泵车里面缸筒一两米长，按照操作规定要求：泵车必须支承在坚实的地面之上，支承在坑、坡附近时必须保持至少 1.5 米

以上的安全距离。而混凝土公司囿于场地限制，泵车维护又必须经过坡路。覃宗毅和同事们琢磨怎样把泵车稳稳当当地抬上坡。靠人力肯定不行，泵车太重，容易出事故。用汽车来运输也不行，坡路太窄，大型车辆过不去。于是，他们一边研究，一边试验，制作出一个简易工装，通过焊接铁制支架制成小车能把泵车四平八稳地支起来。经过多次试验改良，小车不仅能运输泵车，还能运输其他机械设备，成了混凝土公司的“简易维修车”。2013 年，经申请成为专利并在公司推广使用，每年为公司节约直接设备维修费用几十万元。

从 2000 年开始，中冶建工为调整经营策略，突出主体优势，对公司混凝土搅拌站进行合并。随着混凝土公司市场开拓，机械设备损耗也逐渐增多，尤其是泵送设备。2004 年，38 岁的覃宗毅从维修罐车（搅拌运输车）转入维修泵车，这一转，就是 11 年。

跟维修搅拌运输车不同，泵送设备主要是液压系统，工作部分包括电气、液压和工作启动装置等。跟汽车发动机打了 10 多年交道的覃师傅，恶补泵送设备知识修理就是一个熟能生巧的活。光多做还不够，必须多总结、肯钻研才行。覃宗毅非科班出身，凭借自己的勤奋与钻研，总结了一套自己的维修经验，并成功运用于实践，成了汽修班的“发明家”。

“人都是这样锻炼出来的，你自己不去吃苦、不去学和钻，那就学不出来。”这是覃师傅几十年工作、生活的深切体会，也是自身的行动指南。

（中冶建工　杨　蕾）

最好的爱情不过是一起成长

——记中冶交通的“志明与春娇”

舍小家顾大家家园情怀，醉天地。

“我现在最大的愿望，就是想在孩子百天的时候，能和他一起回家，看看孩子，和孩子拍张全家福。”吴云娇说着，眼泪在眼眶里打转。

在中冶交通建设集团有限公司（简称中冶交通），有这样一对夫妻，丈夫叫黄明星，在中冶交通盘锦项目部工作；妻子叫吴云娇，是中冶交通徐州城东大道快速路项目的普通一员，而他们还不到百天的孩子却在天津。他们的爱情与事业，也如“志明与春娇”，从初识到深爱，相互忘不了、戒不掉。

2008 年，黄明星作为东北大学的交流学生来到吴春娇所在的宁夏理工大学，同为河南老乡的他们在一起了，互为明娇，心怀彼此。2012 年，黄明星毕业了，来到了中冶交通的盘锦项目部。

在项目现场，黄明星每天都重复着单调而艰苦的工地生活：参加大大小小的现场会议，跟着技术人员跑工地，学习怎么协调人员设备，在轰隆隆的嘈杂声中一遍遍地扯着嗓子和工人们说话。自然，手机里她打来的电话是听不到的。吴云娇默默地流下了泪水，也心生了猜测。黄明星说，我的工作在项目现场，不在办公室，我是真的听不到声音。他甚至没敢告诉

她，因为盘锦雨水多，在项目上他每天都是穿着胶鞋在泥泞的现场来回跑，已经分不出来什么时候是湿的，什么时候是干的了，他怕她心疼。

2012—2015 年的 3 年里，因为工期紧张，黄明星主动放弃了休假，两个人的见面，每年都只停留在春节回家那一次团聚。

2015 年 7 月，吴云娇应聘来到了盘锦项目部，成为项目会计。她刚到盘锦的那段日子，项目部为了迎接检查准备材料，全体同事马不停蹄地忙碌了一周，每天都加班到深夜，几乎没有时间是属于自己的。亲身经历以后，她理解了他说的一切。

2016 年“五一”前，黄明星和吴云娇结婚了；8 月，爱情的结晶也萌生了。然而，盘锦项目已经竣工，远在江苏徐州的新项目开始筹备，公司陆续开始转移人员。黄明星要留在盘锦完成收尾工作，不能立刻去徐州新项目，但是又不放心身怀六甲的吴云娇独自去徐州。他们的新房在天津，孩子生下来怎么带也让黄明星很是苦恼。公司领导考虑到吴云娇的身体情况，同意她留在天津区域的其他公司工作，但出乎所有人的意外，吴云娇却主动提出去徐州项目。

当吴云娇给黄明星打电话说决定去徐州的时候，这个从不轻易落泪的大男孩在电话另一端哭了，在她面前，他从来没有哭过。他说，这些年对她的亏欠，他觉得没有办法弥补。

2017 年 5 月 8 日，孩子出生了。然而，在产后第 4 天，黄明星亲吻了孩子的小手后，就依依不舍地回到了项目现场。产后第 6 天，吴云娇也出院回了家，也就在当天，她在床上坐了整整一下午，完成了一份急需下发的项目工资表。

徐州城东大道项目开工在即，人员紧缺，工作量大。产后 57 天，吴云娇居然回到了办公室，开始了似乎从未离开过的工作。谈到孩子，这位坚韧的“80 后”用手抹了抹止不住的眼泪。因为错过了母乳的最佳时间，孩子现在喝的是奶粉，托付给了从郑州老家到天津专门帮忙带孩子的老人。小两口也难得见一面，孩子满月，甚至都没有一起回家拍张照片。

2017 年 8 月 9 日，中冶交通徐州城东大道项目正式开工，小两口在开工仪式上终于见面了，采访他们的时候，小两口腼腆地笑了。“这有啥好写的，像我们这样的还有很多人，还有好多出生时见第一面、半年后才见第二面的爸爸，我们只是碰巧赶上了生孩子，也只是做了我们能做的。”

（中冶交通　由川雁）

情系内蒙古　创通鲁高速纪录

——记中冶交通通鲁高速第六分部项目经理张学亮

以工地为家——大爱筑就大路。

“必须确保 G304 导改期间，主线和辅线双线施工零事故、零伤亡，务必保质保量完成节点任务。”说这话的人，是中冶交通通鲁高速第六分部项目经理张学亮。也正是他，在内蒙古汛期和征拆形势最困难的时候，用 28 天的时间领导组织完成了改线 10 千米路面、12 道涵洞及 5 座大桥桥面的施工，创造了整个通鲁高速 160 千米的最高施工纪录。

我们让他谈谈施工的艰辛和感受，他直摇头摆手："我自己没啥可说的，真正辛苦的都是一线的施工人员。"不善言辞的他，当说起熟悉的施工现场却止不住话匣子。

内蒙古地区的环境特点是冬季温度低，上冻期长，导致全年施工期短。针对工期紧、任务重的现状，他一天的工作从早上6点就开始了。那一天洗漱后，他6点钟准时到达工地，落实前一天晚上生产例会的执行情况，询问材料进场供应情况。由于征地不利，六分部18千米的主线施工受影响的路段就有8.9千米，严重制约着工程进度；吃完早饭后，他做的第一件事就是与交通局及当地旗县政府沟通征地拆迁难题，紧接着又去林业局协助办理林业手续及占地入户问题；下午，建管办和总监办联合检查组到现场检查安全、质量、进度及文明施工情况，他针对内业资料及各部门工作情况向检查但详细汇报；等情况整体进度。晚饭后，他组织项目部管理人员开生产会，根据制订的节点任务及当前项目人员、设备情况做出适度调整；紧盯材料备料进场，总结当天施工的薄弱环节，并在调整后重新布置第二天的重点工作；散会时已是晚上10点了，但并未传来一天的工作，他再次上工地检查夜间施工情况及领导带班情况。

接受采访时，他笑着说："忙忙碌碌才是工地该有的样子，踏实肯干

才是施工人员必备的素质。咱们搞施工的哪个没有一大堆的困难，哪个不都是迎着困难挺过去的，只有踏实做好本职工作，才能有更大一步的迈进。”

当我们问他，有时候半年都回不去一次家，想不想家时，原本就不健谈的他沉默了良久，说：“怎么不想，那天孩子他妈打电话跟我说孩子要过生日了，我都记不起孩子几岁了……可每次回到家里，就又坐不住了，总是惦记着工地上的事，大事小事总是放心不下。”

（中冶交通　李晓楠）

我为什么来这儿

——记中冶交通四平四梨地下综合管廊项目技术员张宴菘

中冶的青年，中冶的脊梁。

“你的父母来过项目工地吗?”

“没来过，不让他们过来。”

“为什么?”

“他们来了就会叫我回去的，但我觉得这儿挺好。”

这段朴实的对话是作者与中冶交通一位1995年出生的年轻人，一个刚刚毕业就来到施工一线的应届生——张宴菘的对话。

2017年，23岁的张晏菘从吉林交通学院毕业后，毅然投身到“苦脏

累险”的土木工程往施工一线。面对别人的不解，他只有简单的一句话：“我学的就是这个，我并不觉得苦。”

经过中冶交通的岗位培训，他被分派到吉林四平四梨地下综合管廊项目，任现场技术员。图纸会审、施工方案设计、技术交底、成本控制、现场材料监管、班前安全教育……这些成了他的日常工作。

对于施工现场的艰苦，张晏菘早有准备。工地生活嘛，少不了风吹日晒。但实际工作中的艰辛程度，还是让刚从象牙塔里走出来的他始料不及。张晏菘所在的单位修建包含四梨大街主线管廊以及平行于主管廊的支线管廊，张晏菘的工作就是监督工地现场施工。他的足迹也伴随着管廊线路蜿蜒伸展，遍布整个标段。太多的第一次让他刻骨铭心：第一次测量放样钻玉米地，玉米叶划伤胳膊、脖子，疼得他不敢沾水；第一次徒步下基坑，泥泞陡峭，他花几个小时才巡视完一段管廊，脚上磨出多个血泡，疼得不敢快走；第一次夜间值班，从前一天的早上到第二天凌晨，回到项目部还没休息半小时，就得马上赶赴现场上班……这太多的第一次，在日复一日的工作中变成了常态。艰辛，构成了他工作生活词曲里的主题词。

有人问他：“这么辛苦，为什么选择中冶？”

他说：“因为中冶让我看到了中国建筑行业的未来！中冶让我感受到了家的温暖。”说话间，张宴菘露出了腼腆的笑容。

在近一年的寂寞与拼搏中，这个年轻的大学生内心却从来没有停止过对自身工作价值的追问与思考。作为一个管理施工现场的新人，张晏菘知

道，光有热情和干劲是不够的，必须依靠知识的力量。为此，他经常在白天辛勤工作后，夜晚独自点灯加班，整理归档巡视资料、出具各种报告；参与各种培训学习，系统学习施工图纸相关知识；向老师傅请教，搜索各种文献资料，优化工作流程，革新工艺方法……

“你们（青年）所多的是生力，遇见深林，可以辟成平地的，遇见旷野，可以栽种树木的，遇见沙漠，可以开掘井泉的。”在栉风沐雨中，中冶的年轻人也正像鲁迅所说的那样，在寂寞中历经艰辛、艰险、艰难，在担当中展现坚强、坚守、坚韧！

（中冶交通　吕思萱）

铸进事业的生命

高山景行，吾辈楷模。

他，中冶焦耐的老前辈、我国杰出的炼焦和干熄焦专家李肇中，为发展我国的钢铁工业，在炼焦和干熄焦的工作岗位上奉献了一生。

1995 年 11 月 24 日，上海宝钢四村 27 号门 304 舍，李肇中同往日一样，吃过早饭准备下楼赶乘去宝钢的班车。

“给你做的桂圆吃了么?”妻子在他临行前，关心地问道。

“你吃吧，我吃过了。”

“一问你就说吃过了。”妻子看着碗里并没动过的十几只桂圆，心里有些不悦。这些天，李肇中出差回来患了感冒，头晕，发烧，咳嗽，流鼻涕，眼睛红肿，嗓子沙哑。妻子催他吃药，给他做补品，可他很少吃。

“我下厂的鞋呢?”妻子正想催他吃桂圆汤，李肇中却先开口了。

“你今天就别下厂了呗，行不行?”夫妻共同生活了 37 年，她是丈夫在事业上的好伴侣，生活上的贤内助，从不扯后腿，可这次她不得不央求病中的丈夫，尽可能挽留丈夫在家中休息恢复健康。

“已经定好了，要去看看的，非去不行的。”李肇中忙着穿鞋，急三火四地说了几句，语气非常坚定。

7 点 50 分，班车从宿舍开到宝钢设计大楼。

李肇中到了办公室，一边等候事先约好的人，一边拿出稿纸在桌面的图板上写信，向某设备制造厂询问用于宝钢三期建设新材料试验的理化指标。这是他几十年如一日的快节奏的工作作风，即使下厂前短暂的停留或空闲也不放过。

8点25分，一张纸写了小半篇，最后一行的句子还没写完，同他一起下厂的第一批同事到了。

“我们走吧。”他放下笔，准备回来接着写。

8点40分，他们乘车到达下厂的目的地——宝钢炼铁厂焦化分厂二期干熄焦装置的下面。

这是一次关键性的实地考察。

干熄焦是当代冶金工业一项重要的新技术，尤其是对配合高炉大型化，提高焦炭质量，减少熄焦过程中对环境的污染，提高能源的综合利用，都有显著的效果。在我国大型钢铁厂采用并推广干熄焦技术，是必然的趋势。从李肇中开始的前期工作到焦耐人多年的努力，目前，我国干熄焦装置除几个单体设备需要引进外，已经实现国产化，干熄焦处理能力已从上世纪八十年代初的世界第三位列居到目前的世界第一位。

这次考察是为了进一步提高正在进行的宝钢三期焦化工程中干熄焦的技术水平。由于是边生产边试验，考察只能利用每次只有十几天的年检时间，机不可失。

来自各方的考察人员按照头一天的约定，从不同的地点出发，分几批陆续向现场集合。李肇中同指挥部材料处的一名领导、本院一名年轻的工程师首先到达现场。

“我们先上去看看。”这是他的老习惯，事事都在抓紧，没等第二批人上来，他已经先行一步了。

顺着干熄焦主框架坡陡的钢梯，他领着两个人一直爬到20多米高的一阶平台，径直走到8号干熄焦一次除尘器上部的人孔旁。这个人孔只有检修时才打开，直径0.6米，平时用法兰盘封闭。因为检修，这时法兰盘已经开启。里面有施工时临时使用的照明灯，由于空间很大，集尘多，向里看去，黑洞洞的。

“你们先去找个梯子。”他示意自己要进去看看，并嘱咐同来的两个人做好考察前的准备。随后，他挤着身子从人孔钻进去。从这里面向右，是1米多深的通道，向左，是深深的干熄焦一次沉降槽，隔着沉降槽便是这次考察的目的地。

只过了一两分钟，外面的两个人见第二批人已乘车来到现场，便将头伸进入孔喊李肇中。没有回答。两人立刻钻进去察看，却不见人影。

“李高工是不是掉下去了?”两个人下意识地惊呆了。

在现场施工人员的帮助下，打开沉降槽底部的入孔，人们找到了头朝下摔在沉降槽排灰斗上的李肇中。从顶部到这里，有3层楼高。

这是李肇中生命的最后一站，他把自己的生命熔化在一生追求的事业之中，终年63岁。

（中冶焦耐　李喜民）

焦化的“长明灯”

不舍昼夜“长明灯”，天道酬勤焦耐人。

小时候，曾听过一首歌，歌词是：“静静的深夜群星在闪耀，老师的房间彻夜明亮。每当我轻轻走过您窗前，明亮的灯光照耀我心房……”而在中冶焦耐，王明登就是这样一位好“老师”，为了工作，他办公室的灯常常亮到后半夜。

作为中冶焦耐的副总工程师，王明登入选了辽宁省新世纪百千万人才工程“千人类”人才库，曾获得“‘十一五’中国钢铁工业优秀科技工作者”“中央企业劳动模范”等荣誉。对于中国焦化行业和中冶焦耐来说，他就是一盏“长明灯”。

“面壁十年图破壁，难酬蹈海亦英雄。”在那段平凡而默默无闻的岁月里，王明登刻苦钻研基础理论，系统地掌握了焦化行业的设计和科研知识。他积极了解国内外焦化工业特别是超大容积焦炉和干熄焦工艺的最新技术与发展动态，并尽力将之应用于科研开发和工程实践中。

“天道酬勤，机会总是留给那些有准备的人。”终于，机会来了！新世纪初，神州大地还没有国产化的干熄焦技术。2000 年以前，我国投产的干熄焦装置基本采用引进技术，造价高，技术使用受限，推广极为困难。而且对于焦耐院乃至全国而言，完成干熄焦技术的国产化是一项非常伟大却异常艰巨的工程。在原国家经贸委和冶金工业局的领导下，中冶焦耐作为主体单位于 2000 年承担了国家技术创新项目——“干熄焦引进技术消化吸收‘一条龙’开发和应用”大型科研项目。作为一个“科研创新能力强、专业知识功底深，而且工作任劳任怨”的年轻人，王明登被机遇垂青了，由此他全身心地投入到国产化干熄焦技术的研发中。

作为该开发项目重要的基础理论研究课题“干熄焦工艺技术开发”的技术骨干和“干熄焦系列装置非标设备”子专题的负责人，王明登参加了整个开发工作。他在这个新项目上倾注了太多的精力：同国外企业进行技术谈判，与国内科研院所协同配合，查阅文献资料，分析外方设计，提出多方案比选……为此，王明登东奔西走、废寝忘食、乐此不疲。他信奉

“多干不吃亏，经历是财富。”

历经4年，由中冶焦耐、北京科技大学、国内各干熄焦专用设备厂、关键材料研发企业联合组成的课题组，在消化引进技术的基础上进行开发和创新，最终研发出具有我国自主知识产权的70～150t/h干熄焦系列装置成套工艺技术。运用研发技术建设的干熄焦工程，投资比引进降低20%以上（每套约4000万元），节约运行成本15%，缩短建设周期3～4个月，主要技术指标达到国际先进水平。

当国产化示范工程顺利投产的喜讯传来时，王明登露出了久违的微笑。据当时一起与他进行开发工作的同事回忆：在那段岁月里，王明登总是一副紧缩眉头、若有所思的样子。是的，王明登思索的是研发过程中如何实现自己的规划和目标。如前所述，他要核算工艺计算的准确性，设备资料的适应性，其他专业任务的及时性，等等。也正是从那个时候起，王明登开始进入长期的加班模式。

“博观而约取，厚积而薄发。”2002年，在进入中冶焦耐的第十个年头，王明登开始带培他的第一个徒弟。这位徒弟后来回忆说：“当时的第一感觉是，师傅太年轻了，好像没比自己大几岁。”而在后来言传身教的过程中，这位徒弟“深深折服于师傅深厚的理论水平和设计经验”，“被师傅一丝不苟的工作态度和不舍昼夜的敬业精神所打动”。正是这份“不舍昼夜”，让他拥有了“长明灯”的绰号，熟悉王明登的同事都知道他经常加班工作，遇见过他加班的人都惊讶于他加班的“广度”和“深度”，“他放弃了个人的爱好和所有业余休息时间，现在当了副总工程师更是加班加点地工作。”

“逝者如斯夫，不舍昼夜。”王明登正是以这样的豪情，书写着奋进的青春之歌！

“新长征路上老师立功，一群群接班人茁壮成长。肩负祖国希望奔向四方，您总是含泪深情凝望。啊，每当想起您，敬爱的好老师，一阵阵暖流心中激荡……”

（中冶焦耐　张春才）

焦炉“拼命三郎”

焦炉掌门王晓东，保驾护航急争先锋。

说到焦炉，中冶焦耐在国内国外都是响当当的品牌。殊不知，中冶焦耐内部还有一个神秘高深的部门，这里集结着各路“大拿”，随便拽出一个，都是业内追捧的对象。

这个神秘高深的部门，就是中冶焦耐热工站，它是从事焦炉热工技术的专门机构，是中国唯一的焦炉修建和技术检查的监督组织，传统意义上讲，它主要负责指导焦炉砌筑安装、烘炉开工、生产调试、更换加热煤

气、焦炉维修及焦炉鉴定与评价等。当然，依托人才资源、信息资源和掌握行业动态与技术政策等方面的优势，热工站在焦炉智能诊断与测评、焦炉热修等方面也颇有建树。

说到热工站的“大拿”，就得先说说他的“掌门人”、人送绰号“拼命三郎”的王晓东。

热态工程是焦炉建设期间的重要工序，它直接影响到焦炉炉体的密封程度。顾名思义，热态工程就是在焦炉高温时段才开始的工作，这个时候焦炉炉顶的表面温度在50度以上。“福建、三明、台风”联系在一起便是说来就来的暴雨。在三钢焦炉热态工程正进行得如火如荼的时候，一场突如其来的暴雨不期而至，刹那间狂风呼啸，暴雨如注。与大家避雨的方向相反，王晓东却领着几个工人争分夺秒地为焦炉炉顶盖上拉条盖板砖，生怕焦炉受到暴雨的一丝伤害。待忙完回到办公室，他早已经全身湿透，每向前走一步，地面上都会留下一滩从工作鞋沿边挤出来的雨水，让人看着心疼。但他却若无其事，用他的话说，就是“我可以成为落汤鸡，但能保护住焦炉拉条就值得!”

韶钢焦炉开工期间，吸煤气管道出现堵塞，鼓风机停运，氨水停运，上升管煤气被迫放散，危险陡然急骤。就在这时，王晓东及时出现了，他与业主迅速商定解决方案，并立即实施。40个小时后，焦炉生产恢复正常。接近两天的时间，他没有合过眼，也没有离开焦炉炉顶半步，哪里困难大，哪里就有他的身影；哪里有事故隐患，他就出现在哪里排除和解决。结束的那一刻，他已毫无精力，倒在工地工棚的毡草堆里，便昏沉沉地睡着了。

在烟台直立炉工程试生产阶段，为了掌握第一手生产资料，验证设计成果，他主动承担了中班和夜班的值守任务。每天下午 4 点他准时接班，早晨 8 点交班，连续 96 天，风雨无阻。他与现场的技术人员和操作工人一道检查设备，测量数据，处理突发问题，为直立炉的稳定运行保驾护航。

热工现场，我们经常见到他累得虚脱的身影；说到工作，他的脸上总是挂着灿烂的笑容。

此时此刻，他也许正在项目一线，带领着他的兄弟们，为我国的焦炉环保事业而日夜奋战。

（中冶焦耐　左中荣）

实干担当　青春无悔

熟能生巧 + 游刃有余，坚信他会做到。

他，皮肤黑黑的，因为总在一线饱受风吹日晒；他，笑容傻傻的，一看就是个实在人；他戴着眼镜，显得有些斯文，摘掉眼镜才能看到他坚定、温和的眼神；他，是一个“80 后”，他叫郑玉涛，是中冶集团普通的一线员工。1989 年出生的他，一毕业就选择加入了中冶集团这个大家庭，从稚嫩的大学生到技术员到质量负责人到工程部长，他将人生中最美好的 7 年青春都献给了中冶。7 年里他不断进步、蜕变，并学会感恩，他说：“我把根扎在中冶，是中冶的滋润、浇灌使我生根发芽，我会努力地茁壮成长回报她。”

年轻就要干实事，年轻就要不怕苦

2014 年，郑玉涛被调至远在广西的项目一线，接到通知后，他没有任何犹豫，开始收拾行囊。丝毫不在意北方和南方不仅相距万里，且气候环境、饮食习惯等差异很大，项目基础条件较差等问题，他在意的只是赶紧加入广西项目的大干热潮中。临走前他对家人说：“我还年轻，就要出去闯，干实事，多吃苦，以后的路才好走。”这一走，就是 3 年。3 年里他竭尽全力做好每项本职工作，用心做好每一件事情。在广西百靖高速公路信发铝联线任质量负责人时，他精心组织施工，统筹安排，严格控制级配碎石底基层、水稳基层、混凝土路面质量。在信发铝联线路面工程实现了交工验收一次性交验合格率 100%。

他的座右铭是工作一半靠干，一半靠钻。他在工作中注重细节，注重收集、学习、验证以保质量为前提而降本增效的新工艺、新方法。结合当时信发铝联线希浆封层施工情况编制 QC《提高稀浆封层施工质量》，以“在降本增效前提下，使稀浆封层合格率提高到 97%”为目标，通过编制和细化可实施性方案，优化施工细节，改善施工环境，改进施工工艺等多方面举措，使稀浆封层在施工过程中达到厚度均匀、表面平整，以实现路面下封层防水和填充作用，稀浆封层施工质量得到了显著改善。2017 年 4 月，郑玉涛小组编写的《提高稀浆封层施工质量》获全国冶金建设行业 QC 成果一等奖。

年轻就要有担当，年轻就要有态度

2016 年下半年，郑玉涛调到国道 G16 项目三分部任工程部长。他把工作当成一场修炼，不断挑战自己。由于中途加入，他严格督促自己尽快熟悉项目施工情况、掌握现场进度情况。他全身心积极投入工作中，到施工现场掌握施工难点，将影响施工进度关键工序一一记录。他喜欢到工地上向老前辈们取经，和小年轻们打成一片，取长补短。他会跑遍各个施工作业面，去发现问题，并帮助解决问题。他总是强调他还很年轻，是青年中坚力量，就要有一定担当。他说：“年轻人要有担当，对的时间要作对的事，年轻就是我的资本，也是我的态度。”

年轻就要不一样，年轻就要醒着拼

2017 年春节后复工，面对项目地方征拆难度大、三线拆移进度慢等情况，他积极协助、配合项目领导寻找解决方案，推进征拆。当时内蒙古温度低至零下，冰雪未融，寒风刺骨中他依然在现场对存在变更段落进行现场勘察，并与设计图纸复核、配合征拆。他经常加班，反复看图纸、查规范；他习惯早起，每天都早起 1 小时看书学习。他坚持从工作中磨炼自己、学习中提升自己，因为，他还年轻，年轻就要不一样，年轻就要醒着拼！他的偶像有两个：一个是“卖油翁”，一个是“庖丁”。他深知建筑行业任重而道远，希望终有一天能做到卖油翁的“熟能生巧”和庖丁的“游刃有余”。

在他乡，山高水长，他喜欢往最高的山上望，他的梦想就是登到建筑行业的“山顶”一览众山小。他知道自己还很渺小，与梦想的距离还很遥远，现在的他能力有限、回报很少，但他还年轻，并且一直坚定地走在前进的路上——“路曼曼其修远兮，吾将上下而求索。”

（内蒙古建投　王金锋）

点亮一盏灯　筑起一片城

一首动人的筑路赞歌。

一阵秋雨一阵凉，转眼间，内蒙古已步入清秋时节。当夜幕降临，经大二分部沿线施工点上，一盏盏橘黄色的灯将夜幕点亮，连成一座不夜城，给秋风萧瑟的夜晚平添了一抹浓浓的温暖。

将这夜晚点亮的，正是项目部“特别能吃苦、特别不怕脏和累”的混凝土班。

正值夕阳西下时分，模板工带着满脸笑容从支架上下来，技术人员便将写满数据的结构物高程递交到混凝土浇筑班组班长手里。在一番指手画脚的交涉后，只见班长会意地点头后，工人师傅们各自着手准备自己的后续工作。吊车司机在模板前就位听候随时下达的命令，振捣工扛着振捣器一步一步从安全爬梯向上匍匐前进，电工拿着自己趁手的工具将照明线路有条有序地向模板上蔓延，放料工将敲击干净料斗一遍又一遍地刷得油光铮亮……

待一切前期工作准备就绪，放料工老道地将混凝土运输车徐徐地指挥到吊车前。随着现场技术人员的一声令下，整个施工现场一下热闹起来，混凝土撞击料斗的清脆、振捣器碰撞模板的悦耳、雨点打击脸颊的清晰、指挥人员动听的吆喝掺杂一片，在明亮的灯光下汇聚成一曲优美的乐章……

夜，静悄悄的，
工区的机械却响个不停。
整个世界都已沉睡，
辛勤劳作的声音却不绝于耳。
然而，没有城里的欢声笑语。

夜，黑沉沉的，
工区的灯火却亮到天明。
整个世界都已沉睡，
睡意来袭的双眼却通宵达旦。
然而，没有城里的灯红酒绿。

夜，冷清清的，
工人的汗水却悄然滑落。
整个世界都已沉睡，
不辞劳苦的态度却不曾抛弃。
然而，没有城里的唉声叹气。

夜，万籁俱静。
夜，天色昏暗。
夜，冰凉如水。
无数个这样的夜晚，
一群这样的人，
他们，耗着时光，
他们，燃着青春，
只为，宽敞道路早完成。
就在，工区这座不夜城！

经过几个小时的艰苦奋战，黎明的第一道曙光穿破云霄，一座矗立的结构物仿佛支起太阳，在阳光照耀下显得格外夺目。

他们拖着疲惫的身体，从施工现场艰难地往宿舍平移。浑身的混凝土残渣在阳光下分外刺眼，冗长的身影被清晨的阳光拉得老长。脸上挂满分不清是雨还是汗，但笑容是那么皎洁。深情的双眸不时回望着另一座迎风矗立的钢筋笼，仿佛等待着下一个夜晚的来临……

入秋的早晨，已是寒意重重，但当夜幕重新来临时，正是这一盏盏昏黄的路灯贯通全线，为清秋的夜晚洒下层层温情。

他们用手中活跃的振捣器撕裂迎面清风，用脸颊上翻滚的汗水融合淋漓大雨，把心中翱翔的梦想映射在荒芜大地，在无数个漆黑夜里铸成一座座钢筋混凝土般的灵魂。他们发扬“一天也不耽误，一刻也不懈怠”的进取精神，废寝忘食，夜以继日地坚守在岗位上，苦中取乐并且乐在其中。

这样的一群人，没有人记住他们的名字，也没有人能记清他们的笑容。他们留下的是一条通畅的康庄大道，还有那清一色的安全帽和系着安全带的背影。

有人说，中冶人的精神是一首诗，但生活却不像诗那般优美。

路，是铺下的碑；碑，是耸立的路。大路如同千万筑路人一样，数年如一日坚守岗位，迎着风风雨雨，无怨无悔。宁静才能致远，平凡造就永恒。正是因为有了千千万万个筑路人，才有阡陌纵横的路网，才有四通八达的桥梁，才有中冶这块耸立在神州大地上的丰碑。

（内蒙古建投　吴　磊）

为了打造中冶品牌

布局云南的平台，眼光超前的战略。

在祖国的西南边陲云南省，有一个爱岗敬业，甘于奉献，心系市场，开疆拓土，全力打造企业品牌的团队——中冶南亚投资发展有限公司（简称中冶南亚）。

中冶南亚全体员工认真学习贯彻党的十八大、十九大和习近平总书记系列重要讲话精神，在市场开发、项目管理、扩大中冶品牌影响力等方面做出了应有的贡献。

中冶南亚全体人员秉承“一天也不耽误，一天也不懈怠”朴实厚重的中冶精神，按照中冶集团提出的“抢滩布局，开疆拓土”的战略部署和“统一思想，坚定信心，迎难而上，打基础，增能力”的指导思想，以及“立足昆明，面向云南，做好协同，扎根做实”的十六字工作方针，凝心聚力，全力以赴，取得了良好的业绩。

作为中冶集团开辟云南市场的平台公司，中冶南亚与中国建设银行云南省分行签订《战略合作协议》；与丽江市人民政府签订《战略合作框架协议》，与玉溪市人民政府、曲靖市人民政府、临沧市人民政府、文山州人民政府、普洱市人民政府、昭通市人民政府等达成战略合作意向，分别推进、落实滇中新区、昆明市、玉溪市、红河州、曲靖市的重点项目，跟踪、筛选大理州、丽江市、保山市、临沧市、普洱市、文山州的项目等，增添了一大批符合国家政策的合作项目。总规模42亿元的昆明市春雨路及金马路延长线道路加地下综合管廊工程项目中标落地。设计中标的红河州个旧市2条道路加地下管廊项目、丽江市道路加地下管廊项目及玉溪市地下管廊项目，总设计量1200万元。

顺应经济运行形势和建筑市场形势，中冶南亚在市场营销、队伍建设、基地建设、激励约束、人员培训等方面持续完善、有序推进，按照"到有鱼的地方撒网、到有草的地方放羊、到最有活力的地方找市场"的经营理念，不断开创新局面，攀登新高峰。

（中冶南亚　高　堃）

现场就是第二个家

——记中冶赛迪台塑河静项目团队

不分年长年少，忘我奋战在异国他乡。

越南河静省奇英县，属典型热带气候，纬度低、日照强，每年 8 个月处于热干季，明晃晃的太阳炙烤着光秃秃的工地，地面温度可达 60℃，白天工作喝十瓶矿泉水都难得上一趟厕所。被大家戏称为现场唯一一处“庇荫”地，是一根电线杆在阳光下投下的细长影子。一批批赛迪人扎根在这样的项目现场，经受着文化差异、物资匮乏的考验，克服长期背井离乡之苦，河静留下深深的奋斗的足迹。

游红，中国钢铁行业有名的“铁娘子”。2012 年，年近退休的她接到“高炉项目经理”任命，毅然决定全力付出。她对整个工程情况了如指掌，哪怕一根基础桩的报量稍有偏差，都难逃她敏锐的“法眼”。在各种谈判和会议中，她从容面对各方询问和挑战，条分缕析地把每一个问题解释得清清楚楚，令业主钦佩不已。从 2009 年到 2017 年，副总工程师欧阳标作为高炉项目的总工程师和开车部长，全程参与了项目的投标、设计和建设工作。每当业主有重要疑虑时，他会不远千里前去解答。为了河静项目，他接受返聘长期守在现场，全面负责项目中的技术问题，与大家同甘共苦。热力专业技术带头人姚波，一位 50 岁的女同志，多次临危受命赶赴现场指导解决技术问题，由于不适应现场气候，感冒、发烧、腿脚肿痛等病痛来袭，她都坚强地挺了过来……这些久经沙场的老将毅然扛起了重任，为打造世界一流的钢铁企业奉献心血。

现场还有一群斗志昂扬的青年员工。“80 后”高炉项目经理张勇带头长期驻扎现场，精心统筹人力调度、设备发货、施工调试等各方面问题。他在组织实施与国际接轨的项目管理模式，令一向苛刻的业主不吝美言：“高炉 EPC 项目是整个河静钢最好的一部分。”炼铁设计代表王涛不仅负责施工服务，还要承担区域内有关设备调试、操作培训、开炉准备、保驾护航等工作，这是中冶赛迪在施工管理中实现设计人员角色转变的成功探索。商务经理王欢益的妻子邬小丽放弃重庆的白领工作，随丈夫到现场做项目秘书，她说："现场就是我们的第二个家。"

在河静现场，还有众多中冶人，把现场当作自己的第二个家，把对家庭的责任、对企业的责任、对国家的责任化作对钢铁事业发展的不懈追求，默默地在那片陌生而又熟悉的土地上，辛勤耕耘，无私奉献。

（中冶赛迪　陶海银）

风雨兼程　为梦想拼搏

——大安能源综合利用项目纪实

剑锋磨砺出，梅香苦寒来。

在包头市大安钢铁有限公司能源综合利用项目施工现场总能看到一个忙碌的身影，他就是项目经理刘江，一个不知疲倦、在工作中求真务实的项目管理者。

大安钢铁能源综合利用项目是中冶设备院2017年签订的首个超高压煤气发电和总院自主研发的低压蒸汽过热发电项目，采用设备院低参数饱和

蒸汽利用烧结余热过热专利技术，将烧结大烟道、转炉及竖炉低压饱和蒸汽进入烧结冷却机上的过热器进行过热，形成低压过热蒸汽，进入汽轮机发电，既可提高蒸汽干度，减少蒸汽冷凝水，又可提高汽轮机发电效率。

攻坚克难，拼搏一线。项目刚开始，由于该项目作业面广，现场改造难度大，为了和业主方深入沟通技术方案和商务方案，多少个晚上刘江带领项目部人员伏案赶制方案，早晨起早与业主领导交流。在现场，他带领项目部的各位同事紧张而有序地工作着，精心策划各项工作，周密布置每一项施工环节。每天，项目组员工们接受着包头高海拔高强度紫外线的照射，头顶着烈日，胳膊上的皮肤都被晒得脱了一层又一层，嘴唇上干裂的水泡起了一遍又一遍。然而项目部人员发扬“求真务实，包容创新”的企业精神，斗志昂然，各守其职，井井有条地展开工作。

想业主所想，急业主所急。站在业主的立场上将方案做到最好，是刘江一直坚持的原则。为了保证项目按时完成，他牺牲了法定节假日，甚至孩子出生时，也仅回家待了几天就匆匆跑回包头组织工作。

“不经一番寒彻骨，怎得梅花扑鼻香。”在大安能源综合利用项目施工现场，项目部的全体工作人员秉持“诚实守信，合作共赢”的发展理念，遵循“特色鲜明，专业专注”的发展方针，大力发扬中冶设备院“敢于吃苦、勇于吃苦、敢打硬仗、善打硬仗”的精神，艰苦奋斗，不遗余力地完成好今后各项任务，为中冶设备院争得更大的荣誉。

（中冶设备院 刘 江）

诚 信

诚实守信，为商之魂。

“诚信”值千金，中冶沈勘工程技术有限公司（简称中冶沈勘）坚持“诚信客户为本”的经营理念。但是，以前总以为“诚信”是一句高高在上的口号，是一种理念层面的抽象思维，直到有一天，一件小事让我彻底地改变了对“诚信”的理解。其实，“诚信”就在我们身边，甚至就在你我之间。

我要讲的故事已经过去了很长时间，但至今记忆犹新。

当时我还在中冶沈勘市场经营部工作，作为处于建筑工程产业链下游的工程勘察和岩土工程专业，竞争十分强烈，面对巨大的工作压力，我逼迫自己去珍惜每一个信息，珍惜每一次参与项目的机会。

机会终于来了。国内某知名企业在自己负责的业务区域内的开发项目正式启动，通过努力，我们也争取到了参与入围的机会。机会来之不易，也就倍加珍惜，单位对此项工程的参与也十分重视，组成了以总工程师领衔的项目组，对该项目进行了全方位的研究分析，以期制定出最佳的技术方案，大有“一标中的”的气势与决心。

经过几个昼夜的努力，方案设计完成，用完美一词形容绝不为过。在所有参与该项目的单位中，中冶沈勘的技术陈述使评委不时投来赞许的目光，最终以技术方案最优、工程报价适中的评价让项目组全体人员长长地舒了一口气，同时也做好了中标的准备。

在接下来通知中标单位的仪式上，切切实实地能体会到“天有不测风云”的含义，更有煮熟的鸭子也能飞的感觉，我们与中标擦肩而过，我们的情绪要那降到了冰点。最终，由总工程师领衔的中冶沈勘项目组对业主的选择表示尊重，对未能合作表示遗憾，并表态以后如果有需要，我们将竭尽全力提供技术支持。当时所有在场的人都认为，这是失败者形式上的寒暄。

当我们把这件事逐渐淡忘的时候，我突然接到这个项目业主的电话，电话十分客气地表示，能不能请贵单位的总工程师来一趟项目现场，有一些技术问题需要请教，并且时间要求很急。与总工程师电话沟通后，当天晚上中冶沈勘总工程师便从几百里之外赶了过去，直接参加了由业主召开的紧急会议。原来，工程在推进过程中，由于设计方案存在缺陷，出现了十分棘手的技术难题，工程存在隐患，必须马上解决，希望我们能在第二天拿出处理意见。众所周知，对于工程而言，事故的处理方案，要远比直接设计施工方案复杂，加之时间要求紧迫，压力骤然增大。中冶沈勘总工程师表示，我们曾经说过，在需要帮助的时候，我们一定会尽全力提供技术支持。

还是同样的一些人，还是面对同一个项目，唯一的区别是由上次面对面的研究变成了电话的沟通，上次桌上的图纸变成了现在邮件传输的文件，又是一个不眠之夜。第二天，焦急的业主拿到了建议方案。

当我们再次把这件事逐渐淡忘的时候，又体会到了“天有不测风云”的正面寓意，我们再次接到业主的电话。这一次可谓柳暗花明，业主决定项目二期直接委托给我们开发，并且说了一段让我对《这件小事》至今不能忘怀的话：“我们看中的不仅仅是你们的技术实力，更重要的是你们有诚信。”

（中冶沈勘　孙首印）

冬天里的那“点”事

冰天雪地何畏难，天工人意志坚如磐。

白雪皑皑，千里冰封。广袤而寒冷的内蒙古区域，条件艰苦，气候恶劣，内蒙古风电项目部的中冶天工集团有限公司（简称中冶天工）人在这里一待就是7年。他们克服了重重困难，足迹遍布四子王旗、察右中旗和七和大板梁等地，用务实与坚韧展现中冶人的气质。今天，我们一起来聆听他们在冬天里的那“点”事。

夏天，风吹草低见牛羊。9月之后，天气就开始慢慢转凉，进入10月，入冬之后的第一场雪飘然而至。接一瓣雪花在手心，在阳光的照耀下，晶莹剔透如同雪莲。其实，下雪并不可怕，可怕的是来自西伯利亚的

寒流相伴的寒风，在山地丘陵间更显得冰冷刺骨。

每天清晨，大伙儿按时从项目部驻地乘车出发，因为风电工程的特殊性，实际的施工现场距离项目部有10多千米远。车驶下大道后进入绵延的山地丘陵，一到工地，工人们开始忙碌着各自的事情，有的在清扫设备上的雪；有的在布置缆风绳；有的在拧螺栓；还有的在吹哨令，指挥吊车。

接到甲方到货的通知，项目部需要驱车给货车司机带路以明确卸货地点。在无垠的草原上，装载着设备的车队整齐地成列驶过，为荒凉的冬日带来了生机。

从开始准备工作，到吊车陆续进场，项目部每天都如同盼星星盼月亮一般，等待着后续设备能够有序进场。然而有时天难遂人愿，部分设备难免供货不及时。天工人的字典里从来就没有“气馁”二字，在加紧对外协调的同时，每一套已到设备都会在项目部的细心指引下依次卸车就位。

领车到指定地点后，便是卸货的工序。不管是风叶，还是塔筒、机舱，要将这些重量不轻的设备安全卸货，细心的准备工作是必需的。看着风叶“码放”完毕后的杰作，小伙子们露出了满意的笑容。

一个机位的设备都到场后就可以进行吊装了，这些设备轻则十几吨，

重则上百吨，对它们的每一项操作都不可掉以轻心。要将这些设备吊上几十米甚至上百米的高空，主要靠500吨的履带吊，其他的汽车吊只起辅助作用。项目部对索具的性能和安全措施都是检查检查再检查，对操作也是小心小心再小心。年轻的技术员说，小心方能驶得万年船呐！

日复一日，年复一年。项目部基本上每日都在重复着这“点”事，但每一次的重复又都与以往不同。大家各司其职，认真坚守，都知道工作在外，尽快把工作做完做好，才能回家与亲人团聚，更知道作为一名天工人，在远离繁华的风电项目场地，只有认真才能做出完美细活彰显不凡实力。

阳光融化冰雪，但随着天气日趋转冷，冰雪融化的速度明显放慢许多，直到气温降至冰点，冰雪也就不再融化。虽然冬天刚刚开始，但毕竟已经来了，春天也将不再遥远。

（中冶天工　雷晓川）

此处为故乡

同为中冶人，同为“故乡”来；甘做奉献者，人生更精彩。

在中冶巴基斯坦山达克项目，中巴同事们都喜欢叫边湘宁为老边，一是他年纪大，二是他作为一名从20世纪90年代项目建设初期服务于项目至今的老员工，确实担得起一个“老”字。1995年，边湘宁加入山达克项目时刚三十出头，正是龙精虎猛的年岁。“那个时候，有几千中冶人在这荒无人烟的戈壁滩上，机器忙不过来就用肩扛、担挑的方式，硬是在设备短缺、工期紧张的情况下把山达克项目建设起来，保质保量如期交给巴基斯坦政府，让所有的巴基斯坦人惊叹不已。”回想起那时轰轰烈烈建设项目的岁月，边湘宁不由得眉飞色舞。22年的时光里，他像一棵沙漠中的胡杨，深深地扎根在这块土地上，戈壁的风不曾吹弯他的脊梁，却拂白了他的头发。“舍不得，也离不开，只要这里还需要我，我就要干到最后一天，因为这是我的另一个故乡！”边湘宁对着风挥舞着有力的臂膀，望着远处高耸的烟囱和像一条卧龙盘踞在山间的厂房，满眼爱意。

项目选矿厂的Shah来自Nushki，这位年近40岁、身材略显单薄的男子汉是随山达克项目上最早的一批进驻的巴方员工，自2002年11月1日起便进入了项目。他说，山达克项目改变了他人生的方向，让他从一个一无所有的农民变成了一名技术工人。他付出的只是每个人都会流下的汗水，而收获的却是荣耀和友谊。已经有3个孩子的Shah每3个月才能回到离项目不算太远的家中。他说："虽然很想念家中不满 1 岁的女儿，但是我更不能辜负项目对我的信任，不能耽误项目上的工作，我虽然在中国的项目上工作，但是我为之努力的结果还是建设自己的另一个故乡，如果没有公司对巴方员工坚持培训和中方师傅的悉心教导，那么我今天仍然是一个什么都不懂的普通工人。"

这样的事例在项目上不胜枚举，中巴员工用他们的坚守在这块贫瘠偏远的土地上谱写一曲感人的颂歌。中方员工中在山达克项目连续工作超过5年的占比为64%左右，31%左右的中方员工为项目服务超过10年。而在巴方员工中，这一比例更为惊人，为项目服务5年以上的巴方员工达到80%以上，10年以上的达到50%以上。作为一个地处局势动荡、自然环境恶劣的项目来说，员工们拥有这样坚守奉献的精神实为难能可贵。

（中冶铜锌　王希龙）

这颗“心”与灾民一起跳动

洪水虽无情，武勘人有情；责任勇担当，武勘人真行。

2016 年 6 月底，武汉“阳逻之心”项目进入最终的紧张筹备阶段，5 条地下综合管廊和 5 条市政道路勘察即将正式开工。然而，此时武汉的夏天却给了项目部全体员工近头一样，一场倾盆暴雨，整个阳逻积水成灾。

“阳逻之心”项目位于武汉东北方向的阳逻经济开发区，是中冶集团武汉勘察研究院有限公司（简称中冶武勘）在武汉拿下的首个 PPP 项目，也是公司拿下的首个市政工程项目。这不仅展现了中冶武勘转型的决心，

也展现了阳逻经济开发区领导和人民对武勘人的信任。由于该项目对当地发展至关重要的，阳逻人民对中冶武勘也寄予厚望。为此，中冶武勘阳逻项目部的一线员工们将当地人民的心事放在心上，斗志昂扬，不畏艰难，一路披荆斩棘。

暴雨来袭，由于地势低洼，阳逻多地被洪水淹没。与此同时，周边的红安、麻城、团风也普降特大暴雨，形成“上有山洪暴发、下有江水顶托、内有严重渍涝”的夹击之势，境内举水、倒水、沙河三大河流超过或逼近保证水位，举水 14.5 小时内水位跳涨 6.5 米，从不设防水位跳涨到超历史最高水位 0.47 米，涨渡湖、武湖超保证水位最高分别达到 0.62 米、0.32 米，阳逻经济开发区遭受全域性、长时间的洪涝灾害，30 多万人受灾。

正值“阳逻之心”项目开工之际，中冶武勘人身处其中，深知其苦。为此，项目部第一时间组织人员、物资、车辆和资金，向阳逻灾区人民送去此时此刻他们最需要的水、食品等。由于灾情严重，多条道路中断，交通近乎瘫痪，武勘人把自己安危抛在脑后，趟过洪水，踊跃投入的救援战斗。搬沙袋，堵洪水，努力给灾区同胞以帮助。灾难过后，看到灾区人民战胜洪灾的笑容，这群身在阳逻的“可爱武勘人”也感到了同样的喜悦。

这种与灾区人民共患难的情谊，远不是用金钱所能衡量的。

在暴雨面前，中冶武勘人不仅展现了企业的强大实力，更展现了中冶武勘作为一个央企应有的责任与关怀。风里、雨里、烈日里，他们一直都不曾退缩和迟疑，力争成为项目的尖刀兵、群众的知心人。他们，不仅是万丈高楼的奠基者，更是与百姓的守护者。

（中冶武勘　李亚威）

我为中冶代言　奏响天籁之音

——中冶置业集团天津茱莉亚学院项目侧记

常怀工匠之心，打造中冶精品。

企业的发展壮大，不仅仅表现在经营业绩，还体现在优秀的企业文化、员工的精神面貌，乃至所传承的工匠精神。2012 年以来，中冶置业集团以“耐心、坚持、严谨”的匠人姿态，凭借精湛且考究的建筑品质，树立了“必出精品”的企业形象。天津茱莉亚学院便是这样一个凝结着中冶工匠精神的项目。身处其中，除了深深的自豪感，我们更能切身体会到每一位中冶人付出的心血和汗水，以及工匠精神传承的可贵。

2017 年 6 月 15 日，“牵手国际大师，圆梦艺术殿堂——天津茱莉亚学

院800天倒计时”活动成功举办。精彩的活动，完满的结局，亲自筹备阶段等各个环节的精益求精。筹备前期，为了确定行之有效的活动方案，中冶置业天津名金公司综合管理部同事经常开会到深夜，对活动整体规划、议程和与工程现场的衔接做了多次研讨，甚至连一块展板的色彩、材质、摆放位置都要细化和确认。工程管理部同事顶着夏日的高温，经过多次监督落实及反复排查，将现场布置和安全文明措施落实到位。最终，活动顺利举行，标志着由中冶置业负责建设的美国茱莉亚学院首家海外分院进入工程建设的攻坚阶段。

这个浩大工程一直在考验着中冶量业!。2017年初，项目南侧220千伏电缆切改事项严重影响着工程进度。面对困难与问题，员工们不放松不懈怠，领导日夜协调，大家都在拼命为了同一目标日夜奋战，没人计较是否已经下班了，没人计较是否应该休息了。正是缘于这样的执着和努力，公司终于在6月中旬签订了电力切改合同，并积极组织各参建单位制定后序施工计划，最大限度地减小因电力切改对工期造成的影响。对于我们中冶人来说，困难和辛苦只是暂时的，而见证项目成功的喜悦却成为终生的美好回忆。

正是因为一直恪守“永远保证优越产品品质”的准则，中冶置业才能在激烈的行业竞争中不断创造佳绩，获得中国房地产百强企业排名第40

位；百强盈利能力企业第 5 位；中国特色地产运营优秀企业——城市开发运营商、中国地产公司品牌价值 10 强；中国绿色地产开发企业 20 强等荣誉。我们有幸在这个“知者、巧者”云集的大家庭中，继续跟随前辈们的脚步，永远拥有一颗热忱之心，保持一份匠心情怀。作为企业的生力军，我们追逐梦想，绽放青春，奏响茉莉亚学院建设的天籁之音！

（中冶置业　吕淑敏　王淏染）

四　创新性篇

把脉绿色能源基础　助力国家风电发展

“高炉王”铸就“高炉传奇”

3D 打印助力打造绿色建筑品牌

全面建设具有创新力的项目部

让城市学会呼吸

登上亚洲之巅

8 年攻关，唤醒沉睡的铁矿山

立足需求　创新服务　促集团节约费用

燃气喷吹研发课题组的那些事

……

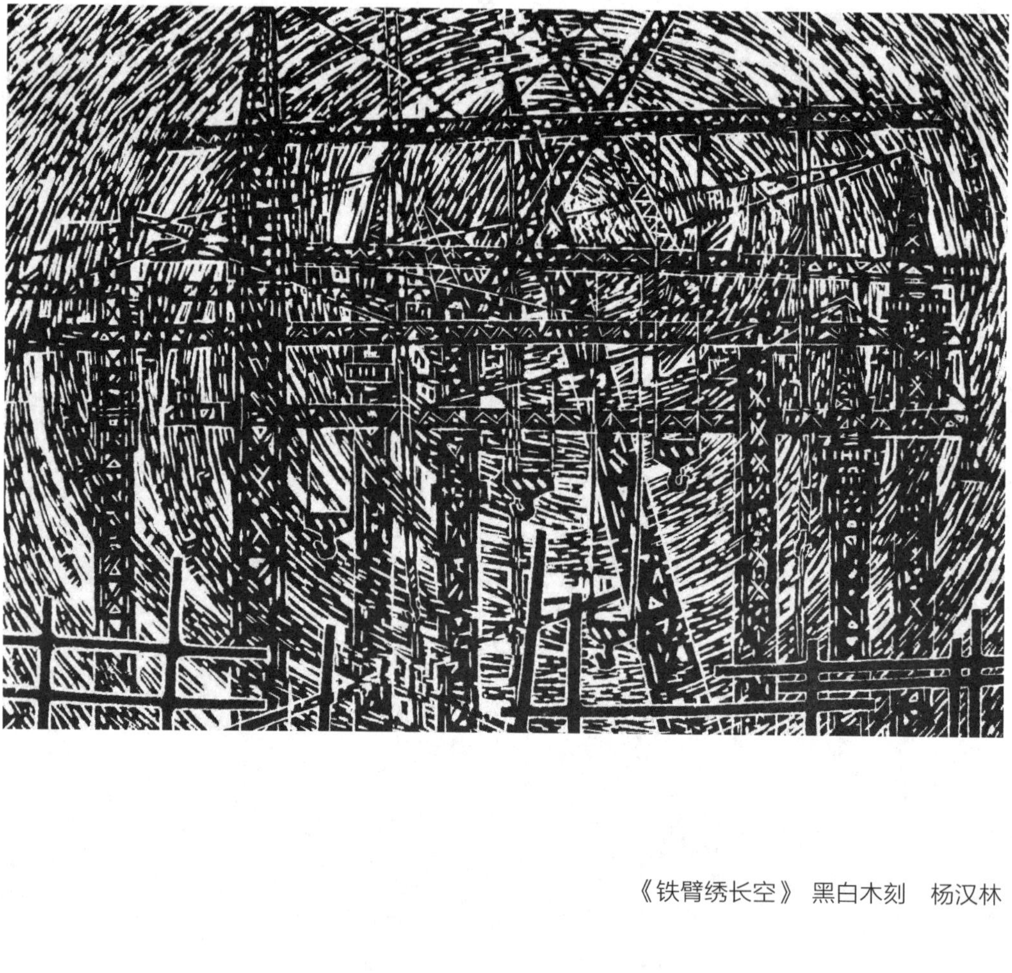

《铁臂绣长空》 黑白木刻　杨汉林

把脉绿色能源基础　助力国家风电发展

进军绿色能源建设，基础检测功不可没。

随着上海宝冶集团有限公司（简称上海宝冶）房屋质量检测业务的开拓，上海宝冶工程技术房检品牌的旗帜逐渐插向新的区域、新的行业、新的领域。上海宝冶房检站承接的首个大型能源项目“国家电投蒙东协和风机基础检测”，为公司在绿色能源领域的开拓项目。

绿色能源项目一直是加快转变经济发展方式的重要着力点，被国家重点关注和重点扶持。上海宝冶房屋检测站有幸参与到国家电投旗下的项目，为即将安装却已在室外搁置6年的风机基础进行“体检”，这关乎风机的使用寿命和使用安全。鉴于当地干燥的环境、冻融的土地和巨大的温差，会给这些大体积混凝土带来不可逆转的缺陷，因此，对风机基础的检测势在必行。

内蒙古早上5点的太阳在转动的风机叶片间跳跃，检测站员工也开始了一天的忙碌。主要工作是用超声波探测仪、回弹仪等众多仪器给“患者”检查，超声仪检测混凝土内部质量得到的波形和声速只是屏幕上冰冷的图形和数字，技术人员却要通过它们立体地判断混凝土内部的“顽疾”，再根据表面缺陷综合推得分析原因。

现场测量条件的困难，是远在千里之外编写方案的人员所想象不到的。内部纵横交错的钢筋和较厚的混凝土层使超声波对测时，探头无法接收信号，加上检测现场当地忽大忽小的风，无法让水准尺始终保持垂直，给检测增加了重重困难。检测人员根据现场情况，创新性地调整仪器、检测方法以及布点位置。将对测改为角测加平测，增加检测的复杂度，但得到的是更精准的数据结果；将水准仪换成全站仪使用三维坐标测量，又可将精确度提高。在重重困难面前，他们发扬宝冶“超越自我，敢为人先”的企业精神，一一化解难题，为顺利出具报告提供了准确和翔实的数据，力争做有责任、有担当的国内一流工程技术服务商打下基础。

这些现场的情况对于旁观者只是一些细节，但对于亲历者却是切身的体验与可贵的成长过程。绿色能源的发展道路并不平坦，还会经历很多坎坷，工程技术房检站将严格把控质量安全，为国家绿色能源的快速发展添砖加瓦、保驾护航。

（上海宝冶　周宣伊）

“高炉王”铸就“高炉传奇”

今日“高炉王”，当代“创新狂”。

高炉建设施工始终是上海宝冶集团有限公司（简称上海宝冶）传统的优势，上海宝冶并以非凡的实力、亮丽的业绩著称于世。中央电视台海外中心曾为了向世界展示中国改革开放30年取得的巨大成就，以“走遍中国”——“地标物语”专题栏目播出10个重大题材专题片。其中，专题片《高炉传奇》时长25分钟，在国内、国外播出半年多，真实地反映了中国钢铁行业的巨大成就。专题片中有一位传奇的人物，他叫李鹏，他带领高炉施工的团队不断刷新建大高炉的纪录，并留下了珍贵的历史性镜头。

1991 年参加工作以来，李鹏在冶金行业摸爬滚打，先后参与了宝钢 1 号、2 号、3 号、4 号高炉与湛钢、梅钢等多座高炉的建设，从一名普通的工段长逐步成长为工长、项目经理、高炉专家。经过 27 年的历练，他在高炉施工方面战绩非凡，先后获得全国优秀项目经理、“上海市五一劳动奖状”等多项荣誉，被业界誉为“高炉王”。

对于高炉大修短期化施工，宝钢曾与国外大型钢铁企业接触过，打算在宝钢 2 号高炉大修中采用他们的技术，可是要价太高，条件十分苛刻，只允许一次性用于一个项目。为了不受制于人，宝钢决定选择自主开发。李鹏按照业主宝钢的要求，以高炉短期快速大修这个宝钢极为重视和支持的关键项目，同时也是国家立项、财政部支持的超高、超重、超大设备（结构）安装新技术中的重大攻关项目作为目标，开始攻关。他率领团队以科技创新为驱动，以宝钢 2 号高炉的拆除与重建为载体，与宝钢联手，攻克了重重难关，采用新技术，仅用98 天完成施工任务，首战告捷。打破了发达国家在大型高炉短期化建设领域的垄断地位之后，又在宝钢 1 号高炉大修和重建中，创出了 78 天完成的惊人业绩。此后，还在宝钢 1 号高炉、3 号高炉、4 号高炉逐渐缩短工期，一次次突破，创造了震惊业界的高炉神话。2016 年成立的李鹏创新工作室，主要围绕高炉设计、设备采购、施工“一条龙”式技术服务、高炉大修、高炉短期化中修技术工艺等，开展技术创新。高炉短期化大修技术、高炉模块化设计、大型高炉大

块残铁快速解体技术、高炉不进人更换冷却壁技术等技术成果均处于国内领先地位，且为国内独创，同时在国际也达到领先水平。

目前，李鹏带领的团队仍在不断提升特大型高炉建设施工能力，并依托的“一带一路”经济发展倡议，着力建设国际产能创新合作的示范性项目“马来西亚联合钢铁项目”，争取提前投产。一代节能型、环保型、高效率的大型高炉逐步替代高能耗、高污染、低效率的小型高炉，快速建造与大修还可以推动整个产业升级并向低碳环保方向发展。过去大高炉建设动则几十个月，现在可降至10个月以内。过去高炉大修工程动则几百天，现在则可降至100天左右。绿色施工、高效创优，李鹏与他带领的团队，书写的大高炉建设故事将更加精彩。

（上海宝冶　苏　琦）

3D 打印助力打造绿色建筑品牌

"工作狂"迷上高技术。

一个人，一捧土，日复一日，就这样坚守着。无论严寒酷暑，还是风吹雨淋，他的身影都徘徊在渣土间。这个人就是二十二冶崇建公司建筑渣土 3D 打印研发团队负责人王恩鹏。

2016 年，在"创青春"首都青年创新创业大赛中，由中国二十二冶崇建公司自主研发的"建筑渣土 3D 打印技术"，从 700 多项参赛项目中脱颖而出，一举荣获大赛银奖，同年还获得第四届中国品牌创新发展论坛暨 2016 年度双创中国行荣誉盛典技术创新奖。3D 团队被授予"东城区十大创新工作室"称号，被新华网、光明网、人民网、国资委网站等竞相报

道。荣誉的取得离不开企业的支持，更离不开技术研发人员的努力。

早上6点，匆匆洗漱过后，王恩鹏便驱车离开项目，他将赶往100多千米以外的设备加工厂，查看第二代打印机组件的加工进度。为了保证设备的质量及精度，大到钢材的型号，小到每一颗螺丝钉的尺寸，他都要亲自测量。“咱们搞研究就得认真，每个零件都得算，绝对不能‘拍脑门’。”这是王恩鹏对年轻技术人员说过最多的话。

下午1：30，王恩鹏正在实验室里吃着方便面。“王哥，怎么又吃泡面？又错过饭点了？”他的徒弟经常会这样问。王恩鹏只是笑笑点点头，什么也不说。大家都知道，王恩鹏一扎进实验室就是个“工作狂”，一干就是大半天；有时下班回家后，只要一想好与技术有关的思路，他就马上返回实验室，一投入工作，就是整夜不睡。

2017年7月，王恩鹏被推选为优秀共产党员。面对荣誉，他很淡然。他兢兢业业、吃苦耐劳的优良品质，却深深地感染着身边的青年员工。

经过一年多的探索，“建筑渣土3D打印技术”已经从研发、实验阶段，向成功打印围墙、护栏等临建制品迈出重要步伐。以实现市场应用、降低成本、节约环保为目标，在中冶集团“坚持走高技术建设之路”的战略引领下，王思鹏与团队正在不断助力打造绿色建筑品牌。

（中国二十二冶　陈文仓）

全面建设具有创新力的项目部

——记中国华冶集团天津三建分公司金晖中心项目创新发展模式

创新力——企业发展的不竭动力。

中国华冶科工集团有限公司（简称中国华冶）天津三建分公司承建的武清金晖中心项目总建筑面积77250.49平方米，是天津市武清区的重点工程，是中国华冶进入武清区原有地方垄断性施工市场的第一项工程。项目现场整洁、标识醒目，荣获“全国建筑业绿色施工示范工程”。

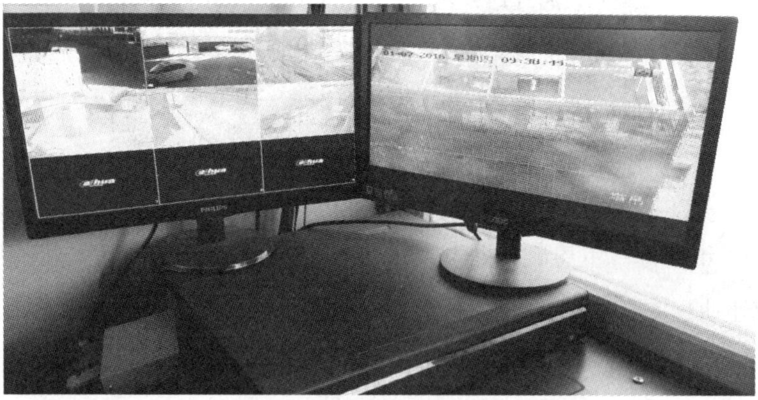

创新分包管理模式，提升项目分包管理创新力。武清金晖中心项目部是中国华冶天津三建分公司成立以来，第一个采用清包模式进行分包的项目，并且进行单项分包，为实现项目的利润最大化奠定了基础。

创新智能管理体系，提升“互联网+”下的智慧工地创新力。他们应用“互联网 +”下的劳务管理、材料管理、器械管理模式。“互联网 +” 下的智慧工地创建是该项目提升综合管理创新力的关键，是提高管理能力和管理效率的重要基础。

创新安全管理体系，提升文明工地建设创新力。项目部强化文明工地建设、加大化安全宣传力度、加大较大危险性节点管控力度，建立健全各级安全生产责任制和施工现场安全生产管理制度，形成了创新式项目安全全员化管理。项目文明工地标准化建设和安全全员化管理，是该项目提升安全文明管理创新力的关键，是提高可控性安全管理的重要基础。

创新质量管理体系，提升项目全员参与创新力。项目部全体管理人员却要提出方案，并参加讨论甄选。项目质量体系全员化、全过程的有效参与和管理沟通协调畅通，是该项目提升质量体系创新力的关键，是提高可控性质量管理的重要基础。

创新成本管理体系，提升项目进度管理创新力。项目部的所有管理人员，都按照分工各负其责，共同努力。项目成本管理体系的强化固化是该项目提高成本过程管控创新力的关键，是增强维稳局面和提高工程进度管理创新力的重要基础。

创新和谐项目建设，提升学习型组织管理创新力。项目部创建学习型组织，夯实学习型组织理论基础，学习理论知识，关爱员工生活，构建和

谐项目部，凝聚团队力量，营造和谐氛围，丰富业余文化生活，是该项目提高团队建设效率的关键，是提高学习型组织创新力的重要基础。

项目部创新力建设是一项复杂的系统工程，与企业的生存和发展息息相关并发挥重要的促进作用。唯有建设具有创新力项目部，才能保证项目各项目标的顺利实现。中国华冶天津三建分公司武清金晖中心项目部在实践中，倾心打造具有创新力的项目部，对于推动企业的发展和进步具有重大意义。

（中国华冶　陈　聃）

让城市学会呼吸

让城市更宜居，他们倾心倾力。

2015 年 4 月，武汉市被国家确定为首批“海绵城市”建设试点城市，而青山区作为全市 2 个试点片区之一，将率先进行 3 年试点建设。中国一冶集团有限公司（简称中国一冶）承建的武青堤堤防江滩综合整治及临江大道改造工程，作为首个运行“海绵城市”设计理念的江滩工程，成为打造“海绵武汉”的“核中之核”。

项目部在施工中以“似堤非堤”为理念，将原有陡坡地方改造成宽高比 3：1 的缓坡结构，同时以堤顶中轴线为基准，在地下浇筑连续防渗墙，

化“有形”为“无形”。在确保大堤的防洪效果的同时，缓解堤身对观景视线的阻挡，为坡面绿化带来更大的空间，使堤内到江边护岸顶部之间自然过渡，从而扩大城市滨水面的立体空间，将堤与滩完美的融合，形成城市、江滩、堤防“三位一体”的景观结构。

中国一冶将“渗、滞、蓄、净、用、排”的“海绵城市”理念贯穿项目建设全过程，在江滩滩地建设多个下沉式生态草溪和雨水花园。草溪内种植挺水植物，以收集场内的地表水和雨水，形成小溪，通过植物根系对雨水进行过滤，并利用多种透水材料营造“会呼吸”的地面。同时，从雨水收集、过滤、存储三大环节入手，通过采用透水砖铺装、卵石边沟、建筑绿色屋顶；设置渗透塘、植被缓冲带；建立蓄水池、雨水罐、调节池，实现对自然降水的再生利用。

同时，中国一冶根据海绵城市建设工程方案设计和施工指南，结合国外“海绵城市”经验，在临江大道建设中打造武汉首段“海绵道路”。打破传统设计，将凸出绿化带改为下凹式长方形花坛状，低于两侧道路路面，并在下沉式花坛与道路连接处设置雨水口。一旦下雨，路面汇集的雨水可经雨水口流入花坛内侧的沉淀池，淤泥、杂质在此沉淀、过滤，而雨

水继续下渗到花坛内，被其中种植的夹竹桃、栾树等喜水植物根系吸收，起到储存雨水的作用。如果下大暴雨，超过一定的雨量，花坛内积蓄的雨水便会通过花坛中央的溢流口排到城市泵站。此外，采用新型透水材料进行人行道铺装，既能满足道路荷载要求，又能使雨水落在上面可快速下渗，不会积水，成为能吸水的“海绵”人行道，为未来的城市道路规划设计提供范本。

2017 年 12 月 5 日，C40 城市气候领导联盟第五届城市颁奖仪式在美国芝加哥举行，“武汉市长江堤防江滩综合整治工程—武青堤段”工程获得 2017 年 C40 城市奖“城市的未来”奖项，成为唯一获奖的中国城市项目。

（中国一冶　尹志远）

登上亚洲之巅

——亚洲第一、世界领先的铁水运输车横空出世

敢为天下先，巧为无米炊。

“中冶重机”无轨化冶金大物流运输技术在国内首屈一指。从兴澄特钢单台起步，到永联钢厂批量使用，再到澳森钢铁接二连三的批量续标，这些都无一例外地向业界宣告“中冶重机”无轨化铁水运输车技术优越、性能稳定、操作可靠。相比于有轨运输，其具有占地少、成本低、灵活机动等显著优点，既绿色环保又节能降耗。在业内“中冶重机”已经声名鹊起，水平达到世界领先，技术登上亚洲之巅。

山钢论剑斩订单，敢为世界先

2014 年，山钢集团日照有限公司 380 吨铁水车研制项目招标可谓“华山论剑”。7 家单位竞标，技术能力要达到国内“静液压驱动”平板运输车最高水平。载重 380 吨，在国内没有成熟经验参考的情况下，投标单位“八仙过海，各显神通”，纷纷拿出看家本领。“中冶重机”通过自主攻关，最终成功突破多项技术难题，打消业主方的诸多顾虑，凭借雄厚的综合实力、丰富的制造经验、良好的业界口碑，以性价比得分最高脱颖而出，一举斩获山钢集团日照钢铁精品基地九台铁水运输车制造项目订单。

380 铁水车具有在 1600 度液态高温环境下，实现高炉至转炉之间的转驳运输，满足“一罐到底”的冶炼工艺而进行全新优化研制的亚洲最大吨

位的无轨化铁水罐运输设备，为国内首次研发，达到世界领先水平。“中冶重机”成为业内第一个吃螃蟹的人，在一无图纸，二无参考的情况之下，敢为人先，巧为无米之炊。

中冶重机智造强，亚洲称第一

2017 年，特种车辆订单接连攀升，产能创出新高。中冶宝钢技术服务有限公司（简称中冶宝钢技术）制定“千人培养计划”，为激发员工聪明才智，创造性地提出以“5 + X”工作法（5 名熟练摊长带领数量不等的“X”外援，在人手紧缺的情况下将一套精兵强将放大 5 倍）挑战不可能。在整车组装过程中又诞生了“走行机构销轴安装装置”“轮胎安装装置”“液压钢管清洗平台”等多项“五小成果”，不但创造性地改进了技术工艺，而且极大地提升了工作效率和技术质量。

项目整合“中冶重机”多年研制经验，经创造性设计取得重大突破。实现六轴线“液压动力 + 机械连杆”全轮同步转向、整车遥控全覆盖，具有匹配优化、动力强劲，三维建模、结构优化，悬挂冗余、杜绝下跨，多法协同、转向同步，系统总控、人机结合；多重应急、安全使用等六大特点。集高集成、承载大、运行平稳、安全可靠于一身，成为目前亚洲无轨化冶金大物流领域新标杆。

秋风送爽，丰收在望。2017 年，九台 380 铁水车身如 9 条待命的金龙气势磅礴、整装出发，担负历史重托，奔赴铁水奔流、钢花四溅之地，施展亚洲雄风。

（中冶宝钢技术　方　刚）

8 年攻关，唤醒沉睡的铁矿山

有志者事竟成，苦心人天不负。

2014 年 9 月 1 日，由中冶北方工程技术有限公司（简称中冶北方）与太钢、长沙矿冶院、中钢马鞍山矿山院共同申报的“微细粒复杂难选红磁混合铁矿选矿技术开发及 2200 万吨/年装备集成”项目获得 2014 年冶金科学技术奖特等奖，这是此次唯一获得特等奖的矿山类项目。项目的依托工程是太钢袁家村 2200 万吨/年选矿工程，从研发到应用历时 8 年，开创了微细粒赤铁矿选矿的先河，在行业中具有很强的示范作用和很高的推广价值。

袁家村铁矿位于山西省吕梁市，属于鞍山式沉积变质型红磁混合贫铁矿，是复杂难选铁矿中的佼佼者，于 1952 年首次被发现，探明储量 12.6 亿吨。国家曾先后组织了 3 次勘探、5 轮选矿攻关试验，但受当时选矿技术及设备的制约，努力了半个多世纪的选矿工程师们仍然未能唤醒沉睡的矿山。

进入 21 世纪，伴随着钢铁行业的蓬勃发展，袁家村铁矿再次进入人们的视野。太原钢铁于 2005 年取得了探矿权，并决定对袁家村铁矿进行开发。中冶北方凭借 60 余年选矿技术的创新研究及丰富的大型矿山设计经验，通过竞标承担了袁家村铁矿 2200 万吨/年的采选设计任务，并开始了长达 8 年的技术攻关。2005—2007 年，开展矿体矿物研究及选矿工艺开发，并通过太钢审查；2007—2009 年，开展药剂、磨矿分级、选别、脱水等关键技术研究；2009—2010 年，围绕每年 2200 万吨采选联合矿山开展工艺流程及装备集成创新；2010—2012 年 7 月，项目进入建设期；2012 年 7 月—2013 年 2 月，进行全系统生产调试，袁家村铁矿实现稳定生产。

袁家村铁矿在短时间内实现了达产达效，实践证明所采用的选矿工艺以及碎磨流程科学合理，选矿装备高效可靠，工艺技术指标及产品质量指标稳定受控。所产铁精矿已全部供太钢高炉冶炼，使太钢矿石自给率由 45.77% 提高到 100%。运行的第一年，新增产值 39.94 亿元，新增利税 16.99 亿元。沉睡了半个多世纪的袁家村铁矿终于在项目科研及建设人员

不懈的努力下渐渐“苏醒”。

袁家村铁矿的建成投产实现了我国微细粒铁矿石选矿技术的历史性突破，对此类资源开发利用具有示范效应。项目形成的多项技术成果可推广应用，为我国特大型选厂的试验、研究和设计建设提供了完整的工作流程体系和工艺技术指标体系，为进一步提高行业的规范和标准提供了升级平台，标志着我国选矿技术达到国际领先水平。

（中冶北方　魏兵团）

立足需求　创新服务　促集团节约费用

——财务公司存贷款轧差结算业务开展纪实

服务不停步，创新无止境。

“什么样的财务公司才是集团需要的?”“什么样的业务产品才是客户需要的?”这样的问题每天萦绕在中冶集团财务公司（简称中冶财务）领导的头脑中，从公司开业到现在10个年头，决策层对这些立足集团、服务集团、增加归集、高效运营的思索一刻没有停息过。

中冶财务成立的一个初始目的是为了降低集团报表的“双高”，即存款高和贷款高，充分统筹内部闲置资金和资金需求的互补，整体降低外部融资金额从而降低财务费用。但在分析多年经营数据时，我们也发现另外一个现象，那就是个别子公司在中冶财务长期存在的“存贷双高”，二者无法随时相抵，为子公司增加了一定的财务费用，同时中冶财务贷款利息收入也会产生税收支出，不利于集团整体税收的降低。

公司领导对于这个问题相当重视，因为解决了这个问题，不仅可以为子公司节约大量的财务费用，为集团降低整体税负，更是对中冶财务多年沿用的操作模式和管理方法的一种改进和创新。为此，公司领导亲自挂帅，组织了风险、计财、结算、信贷、信息等多部门参加的产品研发小组，由结算部门牵头进行开发工作。风险部门着重业务风险的把控，计财部门精细测算收益和成本，结算部门制定业务流程和管理制度，信贷部门起草相关协议，信息部门组织系统运行支撑。大家分工明确，协同推进，经过3次总经理办公会研究，制度流程先后修改12稿，并邀请两家试点子公司进行现场讨论，在系统模拟测试顺利完成的情况下，最终符合了存贷款轧差结算上线开展标准。

从该项产品需求的提出到最终上线，历经了3个月，2016年5月16日早晨9点钟，结算操作员按下了中冶集团第一笔存贷款轧差业务的确认键。初步测算，截止到12月31日，轧差还贷63笔，金额25.5亿元；转流贷41笔，金额21.9亿元。按照合同利率计算，共计节约利息支出595万元，财务公司节税33.6万元，集团整体财务费用节约628.6万元。这项服务创新性地提出了“轧差恢复额度”的方式，既保证了当日支付又在一定额度内控制了风险敞口。从试点效果看，该项创新管理方式起到了很好的风控作用。

“用心铸造世界”是中冶的宗旨，“一天也不耽误，一天也不懈怠”是中冶的精神，轧差结算业务的开展只是中冶财务服务集团的一个小小缩影。中冶财务还将充分发挥自身的平台作用和专业职能，争分夺秒地立足需求不断创新。

（中冶财务　单春虎）

燃气喷吹研发课题组的那些事

世上无难事，人心自不坚。

燃气喷吹，全名氢系燃气梯级顶吹辅助烧结技术，是中冶长天国际工程有限责任公司（简称中冶长天）2016 年立项开发、2017 年正式投运生产的一项节能减排新技术，在节能、减排、提质等方面均对烧结机生产有较大的正面推动作用。在此项技术开发过程中，历经了多重磨难，煤气着火、逃逸、富集、泄露，一个个必须解决的问题犹如一座座必须翻越的高山峻岭，而始终在努力“翻山越岭”的则是一支兢兢业业、敢于创新的团队，他们就是燃气喷吹课题研发小组。课题组成员在攻坚克难、披荆斩棘的征途中，演绎了一个又一个生动的故事。

“如果我都没底，别人怎么办”

说这句话的人是研发中心的周浩宇。在喷吹装置进入试生产阶段时，业主操作工听说这套装置不是将煤气点明火燃烧，而是冷态喷入罩内生产时，拒绝操作罩旁阀门，理由是易泄露太危险。当时身为课题组首席专家的周浩宇在耐心解释了罩内负压气氛可保证没有煤气外溢、安全无隐患之后，看到操作工仍然半信半疑不肯向前，便自己走到喷吹罩阀门旁，亲自操作煤气阀门，且在开启后，一边手持便携式检测仪在阀门旁蹲守，一边继续向操作工解释技术原理，直到操作工被说服，愿意配合进行后续操作调试。事后周浩宇说：“作为技术牵头人，如果连我都对它没底，别人就更不会信任，不会认可，那这个技术就没法推广应用下去了。”

“问题总是有的，我们一起解决它”

工艺分院景涛不仅是课题组成员，还是现场项目部项目副经理。课题开展前期，课题组缺少愿意配合工业化应用的烧结厂业主。他耗费大量精力时间，一次次地外出跑现场，给各业主讲解技术、宣传效果，正是他的诚信和坚持，使业主逐渐认可这项技术，换来难能可贵的工业化试验合同。每当课题遇到难题开展不顺的时候，他说的最多的一句话是“不怕，问题总会有，我们一起想办法解决它”。作为研发人员的坚强后盾，他在课题技术开发中起到了不可或缺的作用。

“多试几次，咱不怕走弯路”

炉窑公司何森棋是一名严谨谨慎、善动脑筋的技术人员。在课题开展中期，大家对于燃气防逃逸板的具体结构存在争议，他通过召开分院技术组会议、与业主交流沟通的方式，提出了多个方案，并逐个在现场装置上应用比对，前后耗时 1 个多月，终于找到最佳方案。他的理念是“不尝试不能下结论，多走几趟弯路，总会成功”。

“大老爷们，这点事算什么”

课题后期，装置运行时要检测烧结机下部风箱内烟气成分，用以分析煤气在料层内的燃烧状况。当时已是 7 月，正值三伏酷暑，环境温度

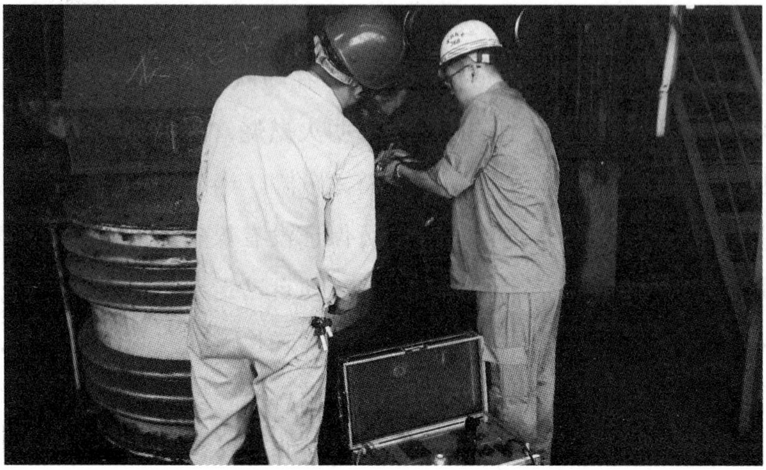

37℃～38℃，而在高温生产的烧结机风箱旁温度甚至高达44℃～45℃。课题组内负责风箱烟气检测的向锡炎和刘前，经常一站就是两三个小时，全身上下湿了又干、干了又湿，衣服上留下一道道盐渍，他却笑着说：大老爷们，这点事算什么。而就是这种敢于吃苦、勇于实干的精神，为课题的成功研发提供了有力保障。

千淘万漉虽辛苦，吹尽狂沙始到金。新技术研发的道路上或许荆棘密布、或许险阻重重，但秉承“科技创新、精益求精”宗旨的长天人必将以不怕苦、不畏难、不放弃的精神，开发出更多具有领先水平和核心竞争力的新技术、新产品，用独占鳌头的核心技术为打造世界第一冶金建设运营服务国家队做出新贡献。

（中冶长天　周浩宇）

撸起袖加油干　国家队勇担当

唯有过硬的技术才有过硬的企业。

烟台国润项目是世界已建成的第一套“富氧侧吹熔炼 + 多枪顶吹连续吹炼 + 火法阳极精炼”热态三连炉连续炼铜生产系统，也是第一个年产 10 万吨铜规模的侧吹连续炼铜示范工厂。

烟台国润铜业有限公司前身为 1970 年筹建的烟台冶炼厂，是伴随新中国有色金属工业诞生的最早铜冶炼企业之一。

技术改造

中国恩菲承担设计的烟台国润节能技术改造项目位于胶东半岛中部，东临威海，西接潍坊，南与青岛毗邻，北为渤海、黄海。项目采用行业最新的“富氧侧吹熔炼—多枪顶吹连续吹炼—火法阳极精炼”生产工艺，年处理铜精矿43万吨，产阴极铜10万吨/年。通过此次节能技术改造，将彻底消除原生产系统的制约瓶颈，降低生产成本，大幅改善作业环境，提升企业的综合经济效益和市场竞争力。

经过半个多世纪发展，烟台国润项目的冶炼主工艺面临熔炼能力不满足行业规范、有价金属回收率低、成本和能耗高、环保条件差等问题，为此，启动项目改造，由中国恩菲承担设计，力求建设一座资源节约型和环境友好型标杆工厂。

创新成果

——世界第一条“富氧侧吹熔炼＋多枪顶吹连续吹炼＋火法阳极精炼”热态三连炉连续炼铜生产线；

——中国恩菲开发的冶金智能优化控制平台MMOC首次工业化应用；

——中国恩菲开发的首台铜精矿熔炼富氧侧吹炉、首台多枪顶吹炉。

项目所采用的“富氧侧吹熔炼和多枪顶吹连续吹炼技术”，是中国恩菲吸收近年来侧吹熔炼和顶吹吹炼技术的最新发展成果，自主开发的新型铜冶炼工艺，自主开发配套的新型侧吹炉、多枪顶吹炉及配套的多枪喷吹系统和残极加料系统等装备。

在新的形势下，中国恩菲将充分利用多年积累的丰富经验，不断地研发新技术，创新设计理念，在项目实施过程中着眼于企业的未来发展，把企业效益放在第一位，做到低投资、低成本，创出最佳业绩。

（中国恩菲　张海鑫）

绝不敷衍的吴钢

时代的劳模，时代的工匠。

“进了这一行，就要爱、就要钻，我干不出那种敷衍了事儿的活。”这是荣获重庆市第五届劳动模范吴钢常挂在嘴边的一句话。吴钢，安装公司技术人员，工作中一丝不苟，生活中为人随和。10 多年来，他南征北战，一直奋战在施工最前线，凭借自己过硬的专业技能和管理能力，保时保质完成了一个又一个工程。

在天钢 120 吨转炉工程调试中，吴钢带领他的班组与甲方、设计人员一道把氧枪原来的位置控制由凸轮控制改为 1024 转的光电编码器采样控

制，将 20 多米的氧枪升降行程的精度控制在 2 毫米，得到了甲方和业主的一致好评；在天钢 1080 立方米高炉 10 千瓦外网电缆高压供电系统工程建设中，吴钢利用手中现有的高压试验设备就地组装了一套声音定位电缆故障点检测设备，对故障电缆进行闪络放电试验，精确定位电缆故障点，成功找到了故障，并通过在施工中的不断提炼，形成了“电缆故障检测仪”这一成果，获得国家知识产权局的专利授权，取得了良好的技术经济效益。

吴刚常常把在工作中发现的小问题记在心里，下班后总是抱着各类书籍，查看技术资料、操作案例等，并在第二天的施工中将问题整改到位，绝不忽略任何细节，不因小细节影响到工程质量。在电气设备安装与调试中，他并不一味地按照原有的施工工艺进行，而是凭借自身积累的相关知识和实操经验，在原有的基础上更好地去优化，寻找更为便捷、更为精准的施工工艺，尽最大努力做到精益求精、尽善尽美。十几年来，他一直这样坚持着。在高压供电和电气试验施工中，吴钢改进了原有电气设备电阻测试方法，先将电压测试端和电流测试端分开，再利用设备自有线圈作为电流和电压的测试线来进行测试，使得电阻的测试值更加精确；在继电保护装置测试信号取值上，改变原有在跳闸出口取值的方法，将取值点改到断路器的开关上，取值更方便、快捷、准确；在变压器检修特性判定方法上，通过向电阻和线间电阻各自测试值的比较来共同判定变压器的特性和损伤情况，在确保准确性的同时又节省了时间。

在中冶建工集团有限公司（简称中冶建工）还有很多像吴钢一样默默耕耘在施工一线的出色工匠，他们耐心，他们专注，他们坚定地追求着项目的施工品质，他们用自己的行动告诉世人：“工匠精神”建工人在践行。

（中冶建工　魏　灿）

用科技守护蓝天

放飞科技梦想，奔向高远蓝天。

2017 年 3 月的一个清晨，风中还夹杂着些许料峭的春寒，万物还沉睡在美妙的梦中，偌大的厂区显得空旷而又荒凉。在主控室里有一群人还在奋战着，他们已经连续多日没有休息，脸色憔悴但眼睛依然炯炯有神，凝视着电脑上的数据，目光里满含着期待。

“成功了！”当电脑上的时间定格在 168 小时的时候，控制室里传来热烈的欢呼声。是啊，经过几个月的努力，顶着重重的压力，克服场地狭窄、工期跨年等不利因素，工程终于成功了。中冶建筑研究总院有限公司（简称中冶建研院）总承包的兖矿集团有限公司南屯电力分公司 220 吨锅炉烟气超低排放装置通过 168 小时满负荷运行性能考核，各项指标均满足技术要求。这标志着历经 10 年研发的低温烟气同时脱硫脱硝除尘技术基本成熟，并具备大规模推广应用的条件。

低温烟气同时脱硫脱硝技术是国际性难题，在国内是一项崭新的技术研究，无先例可循，充满着未知的风险。中冶建研院低温烟气同时脱硫脱硝团队不畏艰难，勇于挑战，从最基础的机理研究做起，埋头苦干，一步一个脚印，先后完成固定床试验台建设、中试试验研究和工业化试验研究。无论高温酷暑，凛冽严寒，都坚守在实验第一线；尽管千里奔袭，昼夜突击，只为获得最新的现场数据；不怕挫折磨砺，失败打击，在哪里倒下，就在哪里站起。他们坚持用不屈不挠不断刷新成绩，一点点接近奇迹。

历时近 10 年，经过上千次实验，技术研发终于成功了。经工业化试验检验，该技术的脱硫效率可以达到 85% ~98%，脱销效率可以达到 60% ~85%，粉尘排放浓度可以控制在每立方米 5 毫克以下，远高于国内其他同类技术水准，多项技术为世界首创。2016 年，在由中国清洁空气联盟举办的国际性奖项“创蓝奖”评比中，该技术作为唯一的非电燃煤烟气净化技术入围并获奖，低温烟气同时脱硫脱硝技术的美名开始国际传扬。

汪国真在《热爱生命》中说："我不去想是否能够成功，既然选择了远方，便只顾风雨兼程；我不去想身后是否会袭来寒风冷雨，既然目标是地平线，留给世界的只能是背影。"低温烟气脱硫脱硝团队就是这样的一群人，信仰坚定，目标执着，为科研奉献自己的青春。在风雨兼程的路上，用科技守护蓝天，收获着自己的成长与感动。

（中冶建研院　李瞳瞳）

走在“中国智造”路上的瑞达信息化系统

立足自主研发，助力“中国智造”

2017年6月22日，初夏的太重铁路工业园区，绿树成荫，微风拂面，各个生产工厂一派忙碌的景象。习近平总书记在山西省委书记、省长等陪同下来到太重集团铁路工业园视察。该园区是太重集团乃至山西省传统产业转型升级发展的典型代表，拥有当今世界上自动化、信息化、智能化程度最高的车轮生产线。而园区内大部分生产线的生产信息管理系统正是由京诚瑞达自主研发完成。

高速动车组车轮是车轮产品中的最高端产品，由于车轮生产线的工艺流程比较复杂，离散程度较高，给信息化生产管理系统的实施带来了诸多困难和挑战，多数同类信息化软件产品都无法满足太重的要求。瑞达公司及时获知企业的需求，经过充分的现场需求调研，为太重车轮生产线量身打造能够实时搜集、储存、整理与分析生产现场资料的信息化管理系统。系统对于缩短制造周期、减少在制品、缩短前置时间与改善产品质量等，都有很大的帮助，充分满足了太

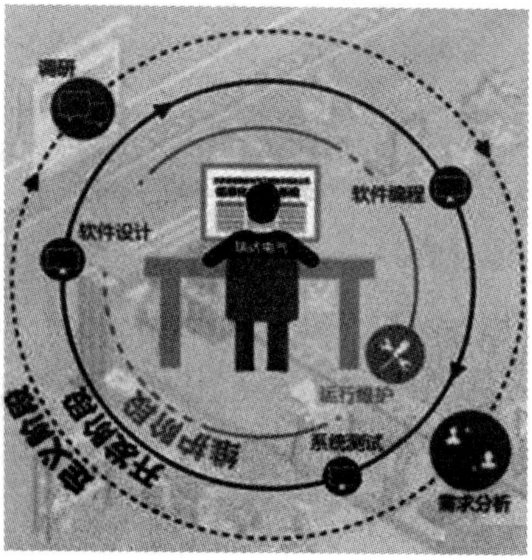

重生产的复杂要求。

系统开发前期，瑞达公司成立技术攻关团队，对车轮生产线的工艺、管理组织进行详尽分析，并多次深入太重生产现场与厂长、专家、班组长进行技术交流，充分调研企业需求，帮助企业理清业务流程。

系统开发过程中，瑞达研发人员放弃周末和假期休息，长期驻扎现场，反复进行接口调试、系统测试、排产调试；帮助企业处理生产中的突发状况，解决企业信息化进程中出现的问题。

中华人民共和国国家版权局

计算机软件著作权登记证书

软件名称：瑞达车轮生产管理系统软件
[简称：CeriMES]
V1.0

著作权人：北京京诚瑞达电气工程技术有限公司

开发完成日期：2014年03月23日

首次发表日期：2014年03月23日

权利取得方式：原始取得

权利范围：全部权利

登记号：2015SR268883

根据《计算机软件保护条例》和《计算机软件著作权登记办法》的规定，经中国版权保护中心审核，对以上事项予以登记。

No. 00807593

中华人民共和国国家版权局 计算机软件著作权登记专用章

2015……19日

从管理思想到构建架构，从工艺掌控到软件开发，整个过程异常艰难。瑞达人用耐心和技术最终解决了所有问题，赢得了企业的尊重与肯定。

2012 年 11 月，太重车轮生产线建成投产。瑞达生产信息化系统投入使用后，生产效率提高 20% 以上，运营成本降低 20% 以上，产品不良品率降低 20% 以上，为企业创造了巨大的经济效益。

2014 年 3 月，生产信息化系统获得中华人民共和国国家版权局颁发的计算机软件著作权，体现了国家对瑞达公司自主研发科技成果的重视。

系统交付使用 5 年来，瑞达电气能够坚持提供 24 小时售后服务，针对实际生产需求的变化，及时对系统进行版本更新。为了避免影响生产，通过各种远程手段及时为企业排忧解难，以质量和诚信得到了企业的好评和信任。

党和国家领导人到太重集团视察，对“中国制造”寄予殷切期望。中冶京诚将继续秉承“工匠精神”，更加坚定不移地走自主研发的道路，创新技术、注重品质、精益求精，打造出更具竞争力的自主信息化产品，为“中国制造”迈向“中国智造”做出新的更大的贡献。

（中冶京诚　窦　博）

用大数据改变世界

——记大数据软件“西格玛”研发团队

喝彩“西格玛”，点赞赛迪人。

2016 年 8 月，中冶赛迪对外发布了自主研发的首个工业制造类数据挖掘产品“西格马”，标志着公司在工业智能领域取得了质的突破与飞跃。产品研发人员是一群平均年龄不到 30 岁的年轻人。

“大数据就是一种信息资产，具备足够维度来反映事物的客观规律，而数据挖掘则是针对这种信息资产的分析过程。”2015 年 5 月的一天，大数据“发烧友”毛尚伟凭借自己在业余时间的自学，给同事们上了一堂大

数据培训课。大家反响强烈，课堂爆满，激发了毛尚伟用大数据解决工业问题的热情。

毛尚伟的想法得到了公司的支持。中冶赛迪2015年初就开始布局大数据的应用科学研究，2015年底明确把工业大数据分析软件作为其中一个研究方向。大数据是烧脑专业，需要大量创意和激情。毛尚伟跳出传统思维，组建一支由不同专业、不同年龄段以及大学实习生组成的“突击小分队”，秉承“你有本事你就牛”的快乐工作原则，在不违反公司规定的前提下，摸索充分调动队员积极性的研发模式。

没有可借鉴的经验，没有可参考的资料，研发团队每前进一步都在“摸着石头过河”，实现每一个功能都比专业团队付出了更多的艰辛。每到一个新阶段，团队只能从最基本的功能开始研究，利用最笨拙的方法一步一步去尝试。每当思路不通的时候，大家就通过头脑风暴激发灵感，在思维碰撞中找到解决困难的出口。

功到自然成。大家凭着满腔热情和矢志不移的钻研，大胆尝试，经过9个月的潜心研发，终于推出工业大数据分析软件——西格马，得到重庆市经信委领导的高度评价。产品经过1年的迭代升级，已在工业、医疗、环境治理等领域得到应用。在某高炉项目中，帮助高炉系数提高30%，燃

料比降低12%，相当于每年减少二氧化碳排放66万吨、降低标准煤能耗23万吨。

“这是一个很好的开端，我们在人工智能产品的开发上将永不止步，立志成为工业领域数据挖掘产品的领导者，做数据挖掘界的office，助力传统企业转型升级。”展望未来，西格玛团队既憧憬又兴奋。他们大胆提出“开发一款数据界的傻瓜软件”的思路，努力打通从数据获取、数据整合、数据挖掘，到数据呈现的一条大数据生态链，立志让人人都能玩转大数据。是的，他们的目标是“改变世界”。

（中冶赛迪　陶海银）

自主创新摘取高炉“皇冠上的明珠”

昔日你垄断，今日我说算。

无料钟炉顶是保证高炉稳定顺行的关键环节，被誉为高炉“皇冠上的明珠”。20世纪70年代，欧洲供应商提出这一技术后，迅速成为行业主流并被长期垄断。

“几十年来，由于我们没有自主的炉顶技术，高炉总包项目倍受外商刁难，要么报价奇高，要么干脆就不报价、不合作，严重制约了中国高炉技术发展尤其是海外市场的拓展。”中冶赛迪高炉无料钟炉顶研发组组长郑军说。

为了从根本上扭转局面，中冶赛迪于2006年组建团队进行技术研发。起步维艰，由于外商申请了上百项专利，对该技术保护得密不透风，连去工厂考察都被重重阻挠。研发人员只有从理论研究开始，从炉顶结构、布料器、控制技术等方面自主设计、自主创新、寻求突破。仅布料器一环，研发人员就提出了数十种原理完全不同的设计方案，并与设备、控制等专业进行结合，经过反复论证，最终确定如今的C型布料器方案。实践证明，中冶赛迪自主研发的新一代高炉无料钟炉顶设备精度更高、寿命更长、可靠性更强，重庆市科委认定该设备填补了国内大型高炉无料钟炉顶领域的空白。

在中冶赛迪研发中试基地赛迪重工现场，矗立着一座20多米高的大型装置，这是公司为开展设备性能及布料工艺等相关试验，按照5000立方米高炉规模搭建的无料钟炉顶1∶1试验测试平台。“炉顶的全套设备集成、技术调试都在这里进行，可以更真实地模拟设备的工作状态。”郑军说。做热态试验时正值严冬，郑军和团队冒着－10℃的严寒，24小时值守现场，一夜下来，冷却水箱里冻起了冰块，他们依然在寒风中坚持数据测试。

在郑军的办公桌上，有关高炉炉顶的资料堆积成山，是团队苦心钻研的铁证。正是凭着积沙成塔的韧劲，中冶赛迪终于拥有了自主知识产权的无料钟炉顶技术，而且掌握了炉顶布料规律和防偏析技术，彻底摆脱了对国外公司的技术依赖。过去，引进一套炉顶设备成本高达上千万欧元，自从有了中冶赛迪的新技术，老外报价纷纷“跳水”，不足原价的一半。

近年来，中冶赛迪自主研发的高炉无料钟炉顶技术在印尼、巴西、韩国、越南等市场成功推广。在2017年投产的越南河静高炉上，中国的无料钟炉顶产品性能、应用效果均优于其他国家的设备，高炉主要生产指标达到世界先进水平。这也标志着具有自主知识产权的无料钟炉顶设备国产化的梦想成真，“中国智造”再次闪耀世界。

（中冶赛迪　刘晓倩）

引领岩土勘察信息化

信息化、数字化——效率提升的助推器。

随着科技的发展，岩土领域对信息化和数字化的需要越来越强烈。在工程项目众多、繁杂的情况下，普通平面勘察报告已不能满足使用者的需求，也不具备更强的市场竞争能力。2010 年，中冶沈勘提出革新的研究课题，着手进行岩土领域信息化、数字化的探索创新，研发了《岩土三维可视化信息系统》。对于公司的工程技术人员来说，软件系统开发是个难点，在一年多的研发过程中，项目组全体人员攻坚克难，研究开发了基于退化比例可调 GTP 模型的含尖灭复杂地质体自动建模方法、岩土工程区域地上下一体化自动建模功能，以及三维地质体任意剖切功能。

该系统实现了岩土工程中复杂地层地质体及地表环境的集成三维建模，二、三维信息交互，工程计算设计分析，勘察报告三维发布等功能。该系统可根据工程地质资料及地表环境数据，自动进行数据预处理，建立地上地下一体化的三维集成模型，并进行立体真实感可视化；在此基础上，进行岩土工程地质环境分析，以实现岩土工程及区域地质资料、地表环境的三维数字化管理和对岩土工程的计算机辅助分析、任意路径地层剖面的剖切可视化与分析计算，任意地层、钻孔信息三维查询，改进了岩土工程勘察报告的作业方法，显著提高了工作效率。

岩土三维可视化信息系统的使用改变了在勘察报告和基础设计中仍然

采用二维图纸作业的传统手段。为地质工作人员、项目管理人员、城市规划人员、建筑设计人员等创造了规范化、智能化、综合化的城市建设规划管理、地下空间开发利用可视化新型基础平台。

研发成果获得2012年沈阳市科技进步二等奖、2012年中冶集团科技进步二等奖、2013年辽宁省科技进步三等奖、2012年中国地理信息产业优秀工程银奖。软件已获得软件著作权，并且就关键建模技术申请了专利。

在工程中，采用中冶沈勘岩土工程三维可视化信息软件进行勘察报告协同提交，得到了甲方单位和设计单位的高度评价，并为中冶沈勘带来了更多的业务源，中冶沈勘发展成为岩土勘察行业领军企业和科技创新排头兵。

（中冶沈勘　何经纬）

匠心不改　德建贤居
——中冶置业建筑技术体系的铸造之路

工欲善其事，必先利其器。

2017 年以来，中冶置业集团“一主 N 翼”业务体系的发展逐渐行稳致远，这不仅是理念的创新、模式的创新，更是技术的创新。伴随着集团业务的快速布局，打造适合中冶置业集团有限公司（简称中冶置业）的建筑技术研发体系已经迫在眉睫。

“工欲善其事，必先利其器。”中冶置业设计人员在打造建筑技术研发体系之初就深深感受到磨炼自身业务素质的重要性。从 2013 年起，设计人员结合中冶置业的项目特点和行业动态，走访大量楼盘、厂家、高校和研究所，进行充足的技术调研，并掌握大量的技术资料。同时，设计研发团队充分了解行业协会及国家标准的编制动态，结合公司发展需要，参与国家及协会标准编制10多项，涉及绿建、养老、智慧社区、空气质量控制等多维度领域。

中冶置业设计团队在修炼自身内功的同时，不忘强强联合，与清华大学、华为等知名高校和企业进行合作研发，在室内颗粒物污染控制、室内动态舒适性与节能平衡智能控制、室内除湿技术、室内装修污染源的模拟预测和控制治理、智慧社区、智慧家庭、智能家居等方向，进行科研合作并推动项目落地。在科研开发技术落地的过程中，中冶设计人本着“一天也不耽误、一天也不懈怠”的精神，对每一项技术细节进行充分论证。他们常常为了一个技术问题进行反复研讨，甚至争论得面红耳赤；他们不辞辛苦、风雨无阻地穿梭忙碌在项目现场和实验室之间，力求将理论结合实践做到极致；他们积极好学，来往于各大高校及技术论坛，并在学习中善于总结，找寻适合企业自身发展的高新技术。

“种瓜得瓜，种豆得豆。”通过扎实积累和刻苦努力，2016年底，设计

研发人员以智慧为手段、绿色为基础、健康为理念，结合建筑行业前沿技术，打造了适合中冶置业发展的建筑技术体系。该体系以“绿色、健康、科技”为主题，涵盖12大系统、48项技术模块，形成中冶置业集团新一代的建筑产品体系技术文档。

中冶人不轻言放弃，更不轻易满足。科学技术永远在发展和进步，只有不断实践与提升，才能始终站在行业的前端。2017年以来，他们积极将各项建筑技术在项目中落地实施，不断进行技术迭代，并充分结合“一主N翼”战略和“绿色、健康、智慧”三大主题进行提炼总结，形成了具有中冶置业集团自身特色的建筑科技体系2.0，包含三大主题、20大科技系统、近100项具体技术措施。中冶置业现已成为“中国建筑节能协会绿色建筑专委会”副主任委员单位、“健康建筑产业技术创新战略联盟”成员单位，进入“中国绿色建筑20强企业”行列。

一直以来，中冶设计人在建筑技术领域积极探索，不断进取。坚持“德建贤居”的匠人精神，他们将继续不懈努力，以“诚信社会为本、客户满意为荣”的高尚品质，打造出“康、适、慧、德、逸”的新一代贤居典范。

（中冶置业　娄　哲）

五　个性化篇

小城市的大工程

“双核心”文化品牌模式

OBI 岛上的跨国恋

技术管理的领军人

一场激烈的讨论

马万水：中国华冶的骄傲

“铿锵玫瑰”绽放工程一线

工业版画艺术的传承与创新

他乡中国年

……

《钢构之间》 黑白木刻　黄亚骏

小城市的大工程

建一座车库，立一座丰碑。

“濮阳超深井筒式地下立体智能停车库”是宝冶人在这片天下至中的原野上打造的又一精典工程，它将在这片肥沃的地上落地生根，助力华夏文明的发祥地再次崛起。

在这个大众创业、万众创新的时代，一个看似不起眼的创意车库——井筒式地下立体智能停车库，颠覆了静态交通的建设发展模式，解决了制约停车产业发展的土地资源紧缺的问题，大幅度地降低了地下车库的建设、运行、管理成本，解决了一个行业发展的痛点，而这一民生工程在中

原地区的试点项目正是由宝冶集团承建的。宝冶人曾建造一座座钢厂高炉、高楼林宇，而如今天又将降大任于宝冶人。35.09 米深的井筒式地下立体智能停车库建设意义重大，它标志着中原大地地下空间领域探索向前迈出了第一步，也代表着宝冶建设水平的“深度”。

2016 年，濮阳井筒式地下立体智能停车库中标的喜讯传来，标志着宝冶集团探索地下空间正式迈入了新征途。纵观国内外地下车库发展历史，目前只有北京、上海、纽约、柏林等大型城市建设有机械式智能停车库且发展方向均为地上。2016 年杭州密度桥第一座地下井筒式智能停车库建成运营，车库深度 34.35 米、建筑面积 236 平方米、车位总计 114 个。而濮阳井筒式地下立体智能停车库，车库深度 35.09 米、建筑面积 472 平方米、车位总计 320 个，项目到 2020 年建成后将成为全国最深、最大的地下立体式智能停车库，将成为宝冶集团在地下空间领域的开拓性建筑。

面对着这个新型的创意车库，其狭小的施工场地、超深的基坑，施工难度可想而知。摆在宝冶人面前的是超深基坑的止水帷幕施工、大直径灌注桩在超厚流沙层施工、狭小及超深基坑土方开挖施工、超深空心井筒模板施工、空心井筒大截面混凝土内支撑拆除、新型智能停车设备安装等难

题。但是，他们从未胆怯，因为他们有坚实的后盾、强大的团队。通过不断摸索和学习，已经完成了 TRD 工法止水帷幕施工，正在实施大直径灌注桩在超厚流沙层施工技术，采用龙门吊配合小型挖机开挖土方的施工设计以及在空心井筒中采用静态爆破拆除混凝土内支撑的作业设计等一系列新工艺、新技术，为宝冶集团开拓类似地下空间领域施工积累经验。在濮阳的大地上，这座立体地下智能停车场正在一步一步地建成。宝冶集团上有"鸟巢"，下有"智能立体停车库"，必将令世人赞叹。

如今，走在濮阳的大街小巷，当地市民谈论较多的就是上海宝冶集团有限公司（简称上海宝冶）在建一座地下超级工程，言谈中无不充满自豪感。宝冶集团将继续践行"诚信、笃行、创新、共赢"的核心价值观，建一个项目，树一座丰碑。正如李克强总理指出的那样，发展地下空间是城市品质提升的重要举措，功在当代，利在千秋。

（上海宝冶　孙聪聪）

“双核心”文化品牌模式

品牌与文化融合共进的典范。

中国十九冶集团有限公司（简称中国十九冶）创立了“西部铁军”品牌，并把“西部铁军”所包含的品牌价值与企业文化的核心理念结合起来，形成了“文化—品牌”双核心运作的文化品牌模式。

中国十九冶创立的“文化—品牌”双核心运作文化品牌模式中，企业品牌和企业文化的作用相互延伸，相互渗透。企业品牌价值观不仅表达了公司向外宣传的产品和服务品质承诺，还延伸到企业内部，要求员工在工作中时刻牢记品牌诉求，牢记对客户与公众的承诺，随时用行动维护和兑现承诺。企业文化不仅统一企业内部员工思想、约束员工行为，还延伸到企业外部，通过员工的言行维护企业品牌价值。“文化—品牌”双核心运

作的文化品牌模式是言行一致、内外统一的品牌建设和企业文化管理模式，是品牌和企业文化管理的先进理论和实践模式。

中国十九冶的“西部铁军”文化品牌建设既具有深厚的三线企业历史底蕴，又具有鲜明的现代创新特色。

首先，“西部铁军”文化品牌注重传承历史底蕴，创新时代精神。从特殊的三线建设历史经历中，提炼出艰苦奋斗的十九冶企业的品质。从特殊的三次创业历史中，提炼出追求卓越的十九冶人的精神。“西部铁军”文化品牌通过创新，赋予自己的品质和精神以新时代的内涵。

其次，“西部铁军”文化品牌注重精细化管理，凸显企业文化的功能。十九冶人通过将企业文化制度化、行为化，使员工通过各项管理制度，通过“西部铁军”军规，对企业文化的要求能够直观掌握，并通过深入班组的企业文化操作，实现企业文化的落地，发挥企业文化的软约束功能。

最后，“西部铁军”文化品牌注重品牌打造，实现了企业品牌和企业文化的双向互动与促进。“西部铁军”品牌既是服务品牌也是队伍品牌。十九冶员工在工作中通过自己的行动实现了“西部铁军”品牌对客户做出的承诺，促进了先进和适应市场的企业文化的产生；企业文化对员工行为的指引和约束又通过员工的行为最终传递到客户，维护着企业的品牌形象。

（中国十九冶　包国安）

OBI 岛上的跨国恋

真爱无国界，大爱更无疆。

“一带一路”倡议，让两个原本陌生的年轻人，穿越大海与高山的重重阻隔，最终走到了一起。

2015 年 8 月，中冶集团所属中国十九冶集团有限公司（简称中国十九冶）员工程越被派往印度尼西亚 OBI 岛镍铁项目，从事物资管理工作。该项目技术含量高，选用设备先进，具有较强的产品竞争优势，是“一带一路”建设重要项目之一。工作期间，程越结识了供职于业主单位哈利达矿业公司的 Susan（中文名：苏珊），他们开启了一段异域之恋。

相识之初，无端的指责和流言蜚语纠缠着程越和 Susan，很多人想尽办法阻挠、拆散他们。在当地一位德高望重的老奶奶保护下，他们的爱情之花不仅没有枯萎，相反更加艳丽动人。

跨国之恋的困扰，不仅仅源于世俗和偏见，还有来自于日常交往中的点点滴滴。面对生活习俗上的差异，程越主动入乡随俗，而 Susan 也憧憬着和程越一起回到中国，感受独具魅力的中华文化。

彼此语言不通，程越和 Susan 就自创了夹杂汉、英、印尼三国语言的交流沟通方式："hey！Susan，saya di office MCC.（嘿！苏珊，我在 MCC 办公室）"、"okok！程越，I' m in office GPS .（嘿！程越，我在 GPS 办公室）"、"anda 笨蛋（你是笨蛋）"、"Omg ！you bodah（天！你才是笨蛋）"，这些有趣的对白，就是他们相互之间爱的表达。如今，程越在努力学习印尼语，Susan 也在慢慢学习这个世界上最难的一门语言：汉语。他们还把对语言的学习，运用到了单位业务的交流中，只要一有闲暇，他们就会去教印尼员工和中方员工学习语言，使中国企业与印尼地方员工以及村民的关系更加融洽。

由于家庭贫困和教育意识淡薄，OBI 岛上的很多适龄儿童无法接受正规教育。从 2016 年 10 月起，程越和 Susan 开始实施一项计划——用两个

人每个月生活费中的一部分，资助卡瓦西村一位贫困儿童入学就读。这个孩子名叫 Aswar，如今已经在村子里唯一的一所小学就读，成绩非常优异。

印尼是一个欠发达国家，项目所在地 OBI 岛是一个偏僻小岛。但是，由于中冶集团的到来，不仅给村里提供了淡水和电力，修建了学校和教堂，还为村民提供了800多个就业岗位，增加了村民收入，带动了地区的发展。程越相信，随着“一带一路”建设的深入推进，在中冶人的帮助下，当地人会过上幸福的生活，而他和 Susan 的爱情之花也将盛开在这片美丽的蓝天白云下。

（中国十九冶　罗志贵）

技术管理的领军人

技术的能手，管理的行家。

这是一个发生在几年前的故事。那时的张平，刚被评为中国十七冶集团有限公司（简称中国十七冶）“青年岗位能手”，担任着芜湖中兴花园工程项目部总工。

4 月的芜湖，风和日丽。这天，由于1 号、2 号楼结构提前封顶，张平的心情特别好。他利用在业主那里开生产例会前的间隙，来观赏一下初具雏形的中兴花园工程的概貌。其中，3 号商住楼是某同行单位承建的，正在等待验收，崭新的楼栋在阳光下格外引人注目。张平的视线从一层仔细巡视到楼顶跃层，目光定格在 30 多米高的房顶，忽然有一种不一样的感觉：“哎，同一套图纸施工，怎么和我们的 2 号楼的形状不一样呢？难道……？”作为项目总工，他对这种类型的图纸再熟悉不过了。一种强烈的责任感驱使他打开记忆，各种熟透的结构图、建筑图迅速在脑海中浮现。“坏了，漏建！”他一口气爬上 3 号楼 11 层楼顶要探个究竟。现实印证了张平的判断，是两个单元相连处的跃层各少建了一个房间，共计面积达 32 平方米。

这可是半年前就已按设计面积售出的楼层呀！张平立即与兄弟单位取得联系，告知自己的发现和判断。后经业主会同施工单位查实，是结构图、建筑图的差异，造成施工方将该房间位置误读为露台所致。兄弟单位

同行不由得对中国十七冶这名年轻的总工竖起了大拇指。

张平 5 年前毕业于西安交大，从进中国十七冶起，就一直在一线项目上锻炼，迅速成长为一名技术骨干。此后，张平担任了公司当时最大的城市综合体工程芜湖星隆国际城项目的总工，攻克了许多施工难题，并大力开展技术精细化管理，打造了中国十七冶第一个中冶精细化管理示范项目部。他热爱技术工作，不断学习施工新技术、新工艺，并进修完成了河海大学硕士研究生课程。2011 年，他被提任城建公司总工程师，成为最年轻

的二级公司技术领头人。

如今，他已经是中冶陕西分公司副总经理和西安城市地下综合管廊项目 SPV 公司总经理，正在国内最大的城市地下综合管廊项目上进行着中国十七冶打造中冶管廊施工品牌、争当新兴产业领跑者的实践。最近，这个项目和张平的名字随宣传稿件登上了《人民日报》。

（中国十七冶　欧书文）

一场激烈的讨论

一件实事，十分真爱。

夜幕降临，中国二十二冶通鲁高速项目部的会议室里正在进行着一场激烈的讨论。项目部班子成员充分利用晚饭后的空闲时间讨论如何推进企业文化建设。

项目经理郑忠良开头说："咱项目各方面都走上正轨了，企业文化也得迅速跟进，前一阵咱建立的'一声问候'电话亭，员工们挺认可，都通过它对家人表达感恩和思念。还有哪些能为员工办实事、谋福利的好点子呢？大家快说说。"

项目工委书记周伟接过话题，说："我有个想法。咱项目前不着村后不着店，离这儿最近的扎鲁特旗也得几十公里，大家买个生活用品都不太方便，咱们自己弄个小超市多好啊。不以营利为目的，也不对外开放，就供项目部使用。"他的想法让所有人眼前一亮。

项目副经理闫松按捺不住了，踊跃地说："我看行，啤酒、饮料、矿泉水，花生、瓜子、八宝粥！"大家仿佛听到了火车上的叫卖声，不禁哄堂大笑。

原本热烈的气氛被项目总工王卫涛打断："小超市固然好，但大家各有各的活儿，每个人都很忙，总不可能雇个人看着超市啊。"王卫涛向来沉着冷静，他的话让大家陷入了深层次的思考。

"这样行不行？咱不设置专人看管，完全自助，准备个笔和本，谁拿完就自己在本子上签单。每月汇总消费记录，从工资里如数扣除。"周伟略微思考过后，激动地说。

"如果有人不自觉，拿完就走不签单呢？"闫松提出疑问。

周伟不假思索地说："这就考验是不是诚实守信了，咱们员工素质杠杠的，你还信不过啊！再说了，采购物品得记录库存，每晚更新库存量，拿完东西来不及记录的，一问一核对就出来了。"

王卫涛听了不禁兴奋地说："挺好挺好，想想还有点小激动呢！那小卖部叫什么好呢？老郑，你半天没吱声了，想啥呢？"

郑忠良沉稳地说："叫诚信之家怎么样？"

大家，纷纷点头赞成。

周伟也认同地说："这个好，

这个好。‘诚信之家’既主张诚实守信，又突出了‘一家亲’的企业文化，有水平。”

“那就这么决定了。诚信之家，明天开工，咱说干就干!”郑忠良激动地说。

3 天之后，“诚信之家”正式营业，结束了一天的忙碌，员工们纷纷来到“诚信之家”选购解暑饮料。项目部班子成员站在一旁望着大家争相抢购的身影，会心地笑了。

（中国二十二冶　何　薇）

马万水：中国华冶的骄傲

时代呼唤劳模，劳模引领时代。

马万水，一个响亮的名字；马万水，一个团队的荣耀；马万水，中国华冶科工集团有限公司（简称中国华冶）的骄傲！

马万水，1923年出生于一个贫民家庭，1950年被授予“全国劳动模范”荣誉称号，是全国第一届、第二届人大代表。2009年，又先后被评为100位“新中国成立以来感动中国人物”和60位“时代领跑者——全国最具影响力劳动模范”。马万水的一生，是忠于党的事业、忠于人民的一生；是勇于拼搏、无私奉献的一生；是吃大苦、耐大劳，为党的事业孜孜不倦的一生。“站在排头不让，把住红旗不放”的马万水奋勇争先精神永远激励着我们。在他的精神感召下，以他的名字命名的马万水英雄集体已由“马万水小组”“马万水工程队”“马万水分公司”发展到今天技术实力雄厚的“中国华冶马万水分公司”，成为全国冶金矿山战线上一面永不褪色的旗帜。

马万水留给我们的精神财富无比珍贵，是激励我们前进的不竭动力和力量源泉。“站在排头不让，把住红旗不放”是世世代代马万水人永不服输的铮铮誓言。马万水英雄集体先后20次攀登全国冶金矿山掘进高峰，至今仍保持着平巷独头掘进月进尺1403.6米和多头掘进月进尺3125.3米的全国纪录。马万水留下了“永远争先进，要把党交给咱们的红旗保住”的临终遗言永远镌刻在马万水人的心中；马万水和他的战友们在工作实践和奋斗中形成并发展起来的马万水精神，永远是鼓舞我们前进的强大力量。

改革开放以来，特别是随着社会主义市场经济的确立，马万水工程队响亮地提出了“红旗不能倒，荣誉不能丢，不靠‘皇粮’靠市场，开展第二次创业”的口号。在开展二次创业中，他们不断解放思想，转变观念，把弘扬马万水精神作为自己的历史责任和神圣使命，立下了“马万水这面红旗的接力棒，决不能在我们手里丢失”的诺言。20 世纪 80 年代初期，马万水工程队承揽了酒钢镜铁山铁矿主斜坡道工程施工任务，成为当年全国冶金建设行业率先步入市场的队伍。之后，他们又先后参加了酒钢镜铁山铁矿、武钢金山店铁矿、通钢板石沟铁矿等工程的扩建与技术改造工程，均以工期短、质量优获得业主赞誉。马万水英雄集体经受了市场经济的严峻考验，先后荣获“开发矿业的英雄掘进队”“全国施工企业先进集体”“全国五一劳动奖状”“全国先进基层党组织”“全国模范职工之家”“全国五四红旗团委”等荣誉。

如今，这支昔日的英雄集体已改建发展为中国华冶马万水分公司。站在新的历史起点，马万水分公司将继续发扬“艰苦奋斗、严细求精、拼搏奉献、勇攀高峰”的马万水精神，不负马万水临终重托，再创新的辉煌！

中国华冶以马万水为楷模，将进一步传承和弘扬马万水精神，外塑形象、苦练内功，进一步做强做优公司矿山建设板块，为我国的现代化建设事业做出新的贡献！

（企业文化部整理）

“铿锵玫瑰”绽放工程一线

心若有玫瑰，芬芳自然来。

在风吹日晒的施工现场，却盛开着这样一支“铿锵玫瑰”。她历经艰辛，以过硬的专业技术和无私奉献的精神专注于自己钟爱的建筑事业，让青春之花绽放在施工一线。

第一次见到文常娟，是多年前在中冶五冶“大魔方演艺中心”项目，她那时担任该项目的总工。处事果断干练，工作富有激情，这是她给人的第一印象。1987 年 7 月从西安建筑科技大学（西冶院）毕业后，她从事项目施工一线技术管理工作已经 20 余年，先后在五冶西北分公司、路桥分公司、成都“大魔方演艺中心”项目和一分公司担任总工程师一职。由她负责参与建设和管理的多项工程获得了四川省、成都市“标准化施工工地”、建筑业“新技术应用示范工程”，她牵头研发的多项技术成果获评国家级、省级工法，多项实用技术及应用达到了国际先进水平。

成都大魔方演艺中心定位为“全球演艺中心，亚洲一号舞台”，是成都市地标建筑。自开工之日起，中国五冶集团有限公司（简称中国五冶）创造了多个国内外“第一”，写下了浓墨重彩的一笔，这也赢得了行业的普遍赞许。该项目总建筑面积约13万平方米，由大小两个陀螺组成，主要有12000座的演艺中心、450座音乐俱乐部等设施。造型复杂，施工难度大，工艺要求高是该工程的特点。

在该项目担任总工期间，文常娟遇到了人生中最大的挑战，无论是土建施工还是主体建设，造型复杂、结构多变的演艺中心，给施工技术带来前所未有的考验。据文常娟回忆，在钢结构分部分项工程的施工过程中，Φ800 390B钢管出现裂纹，对钢结构屋盖后续施工构成非常大的影响。面对如此重大问题，文常娟立即上报情况并组织专家对裂纹原因进行全面分析，同时，联系西南交通大学钢结构方面的专家前往现场研究解决了。

付出总会得到回报，汗水也终将化为收获。翻开大魔方演艺中心项目的成绩簿，一列列硕果映入眼帘：该项目10多项专利技术中，2项技术获得四川省工法；2项科技成果通过中冶集团组织的专家评定，达到国际先进水平；3项实用新型专利获得授权，2项发明专利获得国家知识产权局授权。

提到干好事业的“秘诀”，文常娟是这样描述的：“坚持从小事抓起，处处以身作则，率先垂范，从严要求，使项目团队牢固树立爱岗敬业、艰苦朴素的职业精神，用实际行动践行‘一天也不耽误，一天也不懈怠’的中冶精神。”

（中国五冶　曾　尧）

工业版画艺术的传承与创新

璀璨的文化明珠，绚丽的艺术瑰宝。

在中国众多的版画创作群体中，中国一冶集团有限公司（简称中国一冶）版画创作团队是一支以企业为依托，开展时间最早、持续时间最长、艺术水准最高，在国内外有较大影响力的工业版画创作群体。在60年的发展历史中，中国一冶版画培养了100多名知名版画作者，创作了1000多幅具有极强艺术性和影响力的传世佳作，在全国、省、市各种展览中获得多项大奖，得到国内外专家、学者的高度赞誉。

作为新中国版画艺术的一个重要组成部分，工业版画忠实地记录着新中国工业发展和前进的历史轨迹。中国一冶版画自20世纪50年代发端，此后60、70年代入厂的工人逐渐形成第二、第三代版画群体，当下，80后又正成为第四代版画人。四代传承，中国一冶工人版画创作群体，利用木刻、铜板等传统形式，结合运用丝网、纤维、塑料等新材料，通过对钢铁结构和工业力量的呈现，以独特的叙事手法“讲述”工业故事。

中国一冶始终把版画创作视为企业文化和精神文明建设的有机组成成分，为工业版画艺术的创新和发展提供了积极的支持和必要的投入，与版画作者共同打造出中国一冶版画品牌。多年来，中国一冶每年都会举办一次异地版画创作笔会，每年都会涌现出一批版画创作新人，每年都会展示一批版画创作精品，形成了版画创作的良性循环体系。2007年，中国一冶专门成立版画研究院，并于2016年进行全面升级扩建，形成“以老带新、以新促老、集体智慧、共同提高”的独特的创作团队和良好的创作环境。

2009年，中国一冶创作的版画《奏响》，被作为中冶集团上市礼物，赠送给各界友人。此外，中国一冶版画还多次走出国门，在欧美、亚洲，以及非洲六国等地区进行巡回展出。

历经几代一冶人和版画作者的不懈努力与精心打造，中国一冶版画文化随着时代的变迁而变革，随着技艺的创新而发展，现已成功地将无形价值转化为有形的企业文化价值。如今，版画已成为中国一冶乃至中冶集团特有的企业文化品牌，犹如一颗璀璨的文化明珠，在宣传企业形象、扩大企业知名度和美誉度方面发挥着独特的作用。

（中国一冶　尹志远）

他乡中国年

异国友情重，他乡度新年。

2015年底，中冶宝钢技术服务有限公司（简称中冶宝钢技术）首个海外钢铁维护保养项目部正式启动了对越南台塑河静钢的设备运营维护保养工作，当各项工作有条不紊地展开、大家还沉浸在适应海外生活环境的新鲜感时，农历新年便悄悄来临。这是项目部中籍员工在海外度过的首个春节，越籍员工纷纷向留守的中籍员工发出邀请，盛情邀请去他们家一起过新年。

正月初一一大早，项目部留守员工一行便受邀驱车赶往越籍员工阿衡家里作客，阿衡家在距离项目部 20 千米的齐英市，驱车 20 千米便可赶到。车行驶在路上，马路两边插满了越南国旗，一派祥和浓厚的节日气氛，路上年轻男女骑着代表越南特色的各类型摩托车穿梭在车流中，脸上流露着节日的喜悦之情，马路中央还有牛群自由自在地走过，这一幕幕安逸和谐的景象让我们不禁想起了越南“独立、自由、幸福”的国家宣言。

车还没到阿衡家的时候，阿衡便早早等在路口，以便为我们指路，这让车上的每一个人心里充满了暖意。阿衡的家人也期待着中国朋友的到来，我们到达后，阿衡的亲戚朋友热情地将我们一行人迎进阿衡刚刚修葺一新的新家，并按照当地的习俗“大杯淘小杯，进门酒一杯”盛情款待我们，这让我们在异国他乡深深地感受到了“不是亲人胜似亲人”的温暖。

阿衡带我们参观了他的新家，他抱着刚满两岁的女儿用流利的汉话介绍着自己幸福的一家人。一段寒暄过后，阿衡温柔贤惠的妻子喊大家吃

饭，阿衡妻子从前一天下午就开始准备家宴。当我们走到餐厅，映入眼帘的是一大桌极具越南特色的丰盛的火锅盛宴。阿衡引导大家轻松地坐在地毯上，示范教大家如何食用越南特有的大方粽，并给大家详细介绍他的朋友亲人。大家互相用彼此的普通话问候着、寒暄着，推杯换盏，享受着火锅盛宴带来的浓郁香味，享受两国人民最真挚的盛情，大家其乐融融。

新年伊始，我们在阿衡家享受了大快朵颐的丰盛年饭，感受到了越籍员工的热情。

这顿海外春节的“年夜饭”，让大家深切体会到了越籍员工对公司的那份信赖和爱护。过新年作为中国“和”文化活动的重要组成部分，不再只是记忆中的中国新年，而是许许多多像我们一样奋战在一线的所有海外员工对家的深深思念，更是全球华人、华侨、海外同胞传播中华文化，弘扬正能量，促进世界人民大团结的最好方式。

（中冶宝钢技术　高　健）

李惠莹：温柔的力量

力量来源于责任，高效来源于担当。

2016 年 4 月 22 日，第三届中国国际医疗旅游展览会在上海隆重召开，200 余家国内外专业机构、企业参加了此次盛会。在主题致辞环节，一位谈吐不凡的女性备受瞩目，在场嘉宾深深折服她的风采。这位女士就是中国中冶康养产业技术研究院院长，中冶华天工程技术有限公司（简称中冶华天）副总经理、人力资源总监李惠莹。

多重身份代表多份责任，但承担多重责任的李惠莹，却用她温柔而有力量、坚定而又从容的步伐带领团队在康养这一新兴产业之路上砥砺前

行，取得了一个个丰硕成果。

2017 年 3 月，北戴河某酒店大堂，李惠莹看似平静实则在焦急地等待。原定下午 1 点北戴河项目汇报会因故推迟，她担心影响第二天南京赴江阴的行程。下午 3 点，李惠莹取消了原定秦皇岛到南京最晚一班的高铁，重新设计线路更改行程。为了保证第二天上午 9 点准时出现在江阴项目对接会上，她决定从天津和上海中转，必须赶上最晚一班天津飞往上海的飞机。4 点半，电话通知会议取消，李惠莹拿起早已准备好的行李飞奔车站，一边赶去车站一边购买赴天津的高铁，坐上高铁后又马不停蹄联系火车站到机场的出租车、预定当晚上海的酒店，每个环节环环相扣且需要争分夺秒。会议推迟时间、取消是常态，李惠莹早就练就了一身设计线路、更改行程的本领，每天都没有时间休息几乎是常态，当晚她赶到上海入驻酒店的时候已经是凌晨 2 点，3 个小时后又要起床赶高铁了。

2017 年 5 月，李惠莹率领康养团队迅速在威海市开展实地考察调研，东部滨海新城、黄金海岸，康养产业落地在这块热土上的一幅幅蓝图在她脑海里勾画得越来越清晰，她叮嘱团队一定乘势而上，充分展现“华天效率”。在驱车赶赴一个个调研现场的路途中，她组织编写并反复修订了项目架构与合作协议，当紧锣密鼓的现场考察结束时，一份专业的调研简报与一份双方合作协议文本已经出现在每位市领导手中。“这真是从没见过的高效率!”在场领导无不惊叹。

“项目做不好，对不起家乡父老，都不好意思回老家了。”虽是一句笑谈，但却深深印在这位威海女性的心上。一个多月后，一套以“欢聚威海，感受四海”为主题的“威海市黄金海岸规划设计方案”再次赢得市领导班子的感叹，“这份方案，用力，用心，用情!”是的，只有用力打拼、用心策划、倾情投入，才能在这么短的时间内拿出这么高品质的规划方案。

中国中冶康养产业技术研究院成立短短两年多来，在李惠莹和团队人员的辛勤努力下，中冶康养品牌正以南北共进、东西合围态势纵横驰骋，

在华东、西南、华南、西北等地连续圈定数个百亿级的康养产业项目，打造的天山天池康养休闲度假区及天山文创产业园、四川三岔湖国际康养旅游度假目的地、北戴河生命健康产业创新示范区核心功能区、中冶国际生命科学健康高端综合体、马鞍山江东颐养中心及山东日照智慧康养小镇等标志性康养项目相继落地开花。一批批集康复医疗、智慧康养、生态环保、旅游度假、休闲颐养等多元并举的国际领先绿色康养项目，持续提升着中冶新兴业务品牌的影响力。

什么样的女人最有力量？温柔的女人最有力量。李惠莹，正是凭借着温柔的力量、天然的亲和力、深厚的素养、大气的人格魅力赢得了客户的信任，书写了新时代职业女性的绚烂篇章。2017 年，她荣获“全国三八红旗手”称号，这也是对她不懈努力、勇于拼搏的最好褒奖。效率、创新、追求品质是她拼搏奋进的原则；用心、用情、用智、用力是她攻坚克难的法器。理想、信念与情怀正像一盏明灯，指引着李惠莹为了华天“做强、做优、做大”的目标凝聚力量、奋起远航！

（中冶华天　项振飞）

他们是大山里的开拓者

——记中冶交通紫望高速一分部工程管理部

开拓者的足迹，奋斗者的写照。

巍巍高山下，清晨宁静的山间小路上走来了这样一群人：他们肩扛着三脚架，一手提着仪器箱，一手拿着对讲机。在党的十九大即将召开之际，他们把他乡（贵州）当故乡，他们就是中冶交通紫望高速总承包项目经理部一分部的技术人员。

他们每天面对的都是重复、枯燥、单一的工作和数据。他们不畏艰险，攀爬在陡峭的山崖上，蹒跚在泥泞的小路上，摔过多少跟头，留下多

少汗水只有他们自己知道。晴天一身汗，雨天一身泥就是他们最真实的写照。每天晚归的路上，他们总是笑谈着说，今天屁股又“亲吻”了几次大地。大山里、小路边、山地间、田野上、小河旁、沟渠畔，到处都留下了他们的足迹与身影。数据不对就得一遍遍的重新来过，多少小路被他们踩得更加宽阔，多少没有路的山林被他们开拓出一条条新路，他们是大山里的开拓者！正是他们默默辛勤地付出，为施工提供了准确的位置、精准的数据和有力的技术保障。

中冶交通紫望高速项目的导线控制点加密工作和红线复测时间紧、任务重，他们连续 8 天早出晚归，啃着面包、喝着山泉水，划破了皮肤、刮破了衣服、磨破了鞋。这期间，测量组组长程文伟爱人生孩子，他也无暇回去照顾，只能打个电话安慰一下。测量员叶青涛，是项目部年龄最小的一个，也是项目部个头最小的一个。长期的野外作业，加之高原地区强紫外线的照晒，使他的皮肤变的黝黑黝黑的，他戏称自己为“小黑”。正是他们这种高度的责任感、事业心，对工作认真负责的态度，才使得这一重要任务在规定的时间圆满完成了。

每位测量人员都深知，他们肩扛的不仅仅是小小的测量仪器，而是中冶交通紫望高速项目建设任务的先锋职责，是中冶集团在贵州省市场开拓的先行重任！他们秉承着“一天也不耽误，一天也不懈怠”的中冶精神，遵循着“开工就是决战，起步就是冲刺”的原则，全身心地投入施工建设中。他们把工程施工、技术主导、测量先行的责任牢牢地扛在肩膀上，为“聚焦中冶主业、建设美好中冶”，打造亮丽中冶名片默默辛勤地工作。他们是贵州大山里的开拓者，他们正用勤劳的双手托起中国梦！用心浇筑着。

（中冶交通　尚昌宝）

世界首创

——“十一环过山车”来了

“首创”的背后——没那么简单。

十一环过山车合同签订了，十一环过山车材料进厂了，十一环过山车开始大规模制作了，十一环过山车进入贵州安顺安装现场了……2017 年 7 月到 2018 年 3 月，中冶设备院河北公司里到处都在传递着即将影响世界的十一环过山车的信息，每个人，都在为“世界首创”这个字眼付出着。

年轻的数控车床师傅宋彦超，负责加工的是十一环过山车的定位套。该工件单面厚度 2. 5 毫米，外径公差只有 0. 02 毫米，相当于一根头发丝粗

细的1/3，而2.5毫米的工件厚度，装夹工件时稍稍一用力就发生变形，经验丰富的宋师傅想到了利用胎具。他一件又一件地尝试，一次又一次地调整，汗水也一遍又一遍地打湿了车床上的工件。终于，不善言辞的宋师傅拿着成功的工件走到了段长面前，只说了一句话："成了！"短短的两个字，却流露出他的快乐和兴奋。他战胜了一个技术难题，十一环过山车的制作，又向前迈进了一小步。

车床班组遇到的另一个难题是十一环过山车轴套，全部100余件，其光洁度要求为1.6，按照公司目前使用的70年代的老式车床，这个前所未有的高要求是几乎无法完成的。整个河北公司加工分厂的技术骨干被召集到了一起，技术上、工艺上、经验上，一个又一个方案被提出，一个又一个方案又被排除。就这样一次次地改变机床转速、减小切削量，光洁度一点点有了提高。当第一件轴套研制成功后，李师傅激动得跳了起来，脸上洋溢着喜悦之情，在场的人都为之感染、感动。

这样的案例，每天都发生在十一环过山车的生产一线；这样的感动，每天都充盈在整个河北公司。感动我们的，已不再是工件本身，而是一线

员工师傅的那种敬业精神、匠心精神和团队精神。每一个难题的攻克，每一次工艺的改进，每一项技术的创新，点滴的力量最终都将助推世界首创的第一台十一环过山车的研制成功。

昨天，我们在传承历史，砥砺前行；今天，我们在创造历史，共创未来。世界首创，十一环过山车，来了！

（中冶设备院　胡建波）

过山车的“保健医生”

——记中冶设备院售后服务部副部长张玉锋

设备的“检察官”，游客的“保护神”。

提起过山车，人们总是第一时间想到速度、惊险与刺激。坐过过山车的朋友，都体会过把身体推向深渊又瞬间抛向天际的感觉。然而，在这惊险、刺激的背后，却有这样一群人，他们认真履行过山车的“保健医生”职责，检查设备安全，保障设备运行，默默地为安全保驾护航。中冶设备院售后服务部副部长张玉锋便是其中一员。

安全是一种责任，更是对生命的尊重和敬畏。这一年的夏天，酷热来得格外早，全国多处频现高温橙色预警，在室外待一分钟都是煎熬，但张玉峰的售后服务工作却没有因天气炎热而受到丝毫影响。从我国最北端的佳木斯水濂山公园到最南端的海南岛白山门公园，从最东端的盐城卡迪欢乐世界到最西端的伊犁伊宁河公园，他头顶烈日往返于设备院安装队走过的每一座城市，认真检修每一台设备的轨道、刹车制动装置，检查基础设备是否牢固……以“安全”为标准，查验设备运行的全链条，维护“MCC过山车”的品牌形象。而最让业主频频点赞的，是为了保证游客设备正常运营，确保业主利益，他总是选择在闭园期间进行设备检修，甚至在最高温的中午利用午餐时间加紧排查，任由汗水肆意地流淌，任由骄阳烧灼着肌肤。过山车的钢制轨道经过烈日暴晒后温度达到60摄氏度，有的过山车轨道最高处达33米，沿着700多米的轨道排查一圈至少用3个小时，而且还要配备重达5千克的防护衣和安全绳，整个身体负重可想而知。由于是高空作业，张玉峰每次进行轨道排查时尽量不喝水，排查后汗流浃背、口干舌燥的感觉不是所有人都能体会的。但是为了安全，为了肩负的责任，他毫无怨言：“业主选择中冶过山车就是选择对我们的信任，就是选择放心。排查既是一项工作，更是一种责任。”他为业主负责、为游客负责、为设备院和集团声誉负责的信念如磐石般坚定。

这就是张玉峰，默默地充当着过山车的“保健医生”。他怀揣“客户至上”的坚定信念，用特有的那抹朴实的微笑，为设备院“四梁八柱”之特色主题工程柱增添了艳丽的色彩。

（中冶设备院　韩　嘉）

为雪域羌塘送去温暖的祝福

——记中冶设备院那曲县罗马镇姆材村“美丽乡村”项目

为藏民送来幸福，为中冶唱响品牌。

7 月的在那曲并没有酷暑的感觉，反而是连绵细雨时而还夹杂着冰雹。2017 年 7 月 7 日，收到“那曲县罗马镇姆材村‘美丽乡村’项目”一期工程的验收通知，中冶设备院西藏项目部的同事驱车 7 小时赶往那曲，再次来到了这片美丽广袤的高原上。

这里有洁白的云朵、粼粼的水波、连绵的群山和辽阔的草原，风景如画。党中央提出大力发展西部，提高西部农业现代化水平，改善农村的生态环境，建设“美丽乡村”。2016 年 4 月，中冶设备院西藏项目部收到财

政厅任务通知，为响应国家农业部的号召，委派中冶设备院西藏项目部在那曲地区开展“美丽乡村”项目，项目所有工作人员感到既兴奋又自豪。那曲地区项目的成功开展对总院西藏办事处进军那曲政府项目也具有深远的意义。

这是一次里程碑式的战役，任重而道远，每个在藏的同事都抱着“要么不干，要干就要出彩”的信念。2016 年 4 月中旬，项目初步定于那曲县，西藏办事处组织成立“那曲县美丽乡村”项目部，以西藏办事处作为项目衔接部门，中冶设备院上海分院作为项目实施部门，率先打响了攻坚战役。

“工欲善其事，必先利其器。”项目开始后，项目部成员先是走访农业部，了解“美丽乡村”系列项目的概念和政策，并且向有关领导请教“美丽乡村”系列项目的建设模式和适用范围。根据对政策的权威解读，项目部成员又多次走访那曲县各乡村，最终设计人员选取了那曲县的门户镇——罗马镇。

2016 年 5 月开始实地测量，那曲地区海拔平均 4450 米，作为常年生活在低海拔地区的设备院工作人员来说，这无疑是很大的挑战。但是，不管现场条件多么恶劣，大家都克服困难，保证完成每天的任务量。测量期间，工作人员总是拿着卷尺、相机等测量工具，忍受着高原反应，抵挡着凛冽的寒风和不经意间钻入衣领的小冰粒，一直忙碌到落日时分。通过大家的共同努力，那曲县罗玛镇姆材村“美丽乡村”项目一期设计得到了当地镇政府和主管县长的高度赞赏，中冶设备院在那曲县也实现了零的突破，成功入围那曲县备选设计单位。同时，因为具有专业水准和敬业精神，设备院也有幸成为唯一一家受邀参与制定《2016 年那曲县整体规划》的单位，为总院在那曲县今后开展工作奠定了基础。

中冶设备院西藏项目部员工发扬用勇于攻坚的工作作风，坚持求真务实的工作态度，发扬“一天也不耽误，一天也不懈怠”的中冶精神，在广袤的西藏高原上打造出一个具有中冶品牌烙印的美丽乡村。

（中冶设备院　杜　贝）

大匠至简

专注、专业，细致、极致。

匠人，旧指手艺工人，也指在某一方面很有造诣的人。赵伟，自称“匠人”，只会焊钢补铁而已。虽然他自谦只是个手拿焊枪的焊工，但也是一个在“焊工”方面很有造诣“手艺人”。年满 40 岁的他，在 2016 年 11 月份举办的中冶天工集团有限公司（简称中冶天工）金结分公司首届焊工技能比武大赛中，一举摘得安装组手工电弧焊的桂冠。虽然，赵伟说，这份成绩如梦而至，但了解他的人都知道，这是他用一点一滴的积累和不懈的努力赢得的。

自从金结分公司下达了焊工技术比武大赛的通知，赵伟每天早上睁开眼睛第一件事就是背理论知识，去现场的路上和吃饭时间也不放过；而对实际焊接操作部分他决无一丝一毫的松懈，所以实际焊接操作部分成绩更是优异。在这次的焊接比武大赛中，赵伟如愿取得了冠军。

赵伟不仅焊接技术出众，而且还是出了名的“拼命三郎”。赵伟有个习惯，手上有活就想一口气把它干完，否则，吃饭睡觉都不踏实。有一次，赵伟感冒发烧 39℃，上午去诊所打完针，吃完药，下午便拖着疲惫的身体，硬撑着去了现场，保质保量地完成了当日的施工任务。他妻子知道后，责怪说：“你就不能歇一歇？现场的活难道比你的命还重要啊？”赵伟憨厚地笑着回答说：“现场都是一个人当俩人使用，一天当三天用，决不能因为我影响了施工的进度，况且我还是班上的老大哥，很多年轻人都看着我哩，我可不想在他们面前服软！”赵伟的“硬汉”形象也是在这点滴的小事当中深入人心，他的徒弟小王评价他说：“别看师父平时憨厚老实，很低调，但干起活来却很高调，有用不完的力气，看着他在工作，都不好意思偷懒了！”

赵伟在工作现场，一心一意，尽心尽责，他常说：“不是工作需要你，而是你需要工作。工作被动干也是干，何不主动去干呢！”在忙忙碌碌的工作中，赵伟还始终怀揣着一个小小的心愿，那就是：把全班组人员聚集在一起，交流焊接经验，探讨焊接技巧，讲讲工作中的小窍门，说说多年来积累的心得体会。他说：“技术就应该共享，我要把自己掌握的知识和技术毫不保留地教给大家，让班组里那些年轻的小伙子们快速成长起来，让我们干的工程质量越来越高。”

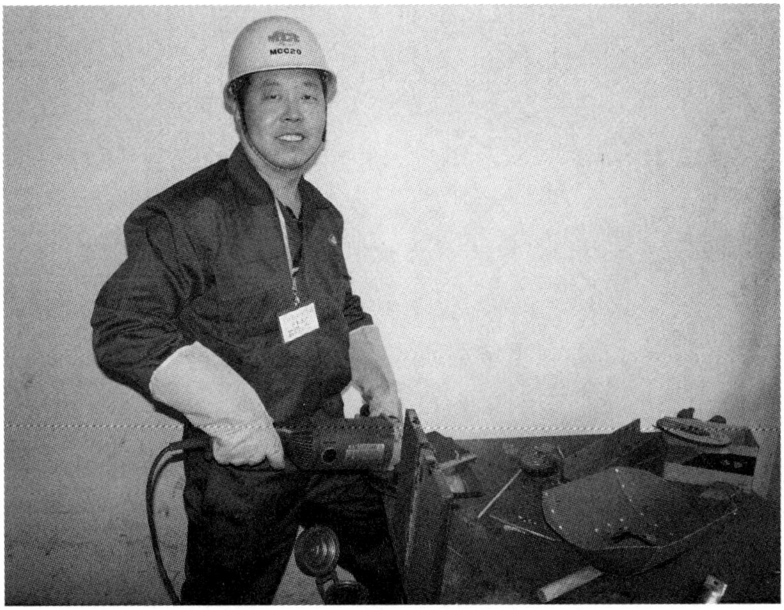

冠军的风光和掌声，对赵伟而言，就如那耀眼的“焊花”，一闪而过。日常工作中，他依然在施工现场专注地完成每一项焊接任务，风雨无阻。在众人中很难辨别，这个简朴踏实的汉子，就是焊接技术最出众的人。

“匠”之所以能成为“大匠”，正是源于这种“简”。赵伟拙朴讷言，不喧哗，不讨巧，20 年心思只放在技术活儿上。如此之“简”，成就了他极致的专注，成就了他如今取得的成绩。虽然岁月已在他的鬓发处悄然留下痕迹，虽然他的双眼已在焊花照耀下有些模糊，但是他依然像小伙子一样，充满了梦想，充满了快乐。

（中冶天工　苏　航）

山达克记

中巴合作的典范，“走出去”的成功实践。

夏7月中，一学生进山就业。自机场乘车行，忘路之远近。忽逢山丘，断续数百座，中无花草，骄阳正酣，山似黑铁，学生甚异之。复前行，欲探究竟。

路至山口，便得一村，村中房舍，灰胚方形，仿佛古城墟。遂问名，塔夫坦。是水源，西伊朗。复行数公里，豁然开朗。烟囱擎天，厂房俨然，虽无良田美池桑竹之属，却有阡陌交通，人声相闻。其中往来工作，中巴衣着，悉是中冶。黑发红肤，俱忙碌怡然。

见学生，乃盛情，问旅途安。俱答之。去生活区，小菜白米迎接。闻有新人来山达克，咸来问讯。自云20世纪90年代建设，中国中冶来此巴国戈壁边境，开矿坑，建厂房，平素与外人间隔。山外今是何世，家人何种情形，只以网络电话通讯，每年有假，回家探亲。学生一一所闻，不禁啧叹。及夜幕降临，戈壁灯火渐起，采坑照明延绵，如蛟龙入海，生活房屋盏盏亮起，巴国寺房，祷声长鸣。此中人语云：自山达克矿开起，巴国边民始有电水医疗，空调电视，就业学校。虽不足为外人道也，却为巴民乐赞。

既来之，则安之。便作翻译，愿为中巴桥梁。及至今，五载矣。愿作文，说如此。自华夏政策施行，一带一路，多有成就，中巴走廊，承载交通，瓜达尔港，璀璨明珠。然中冶铜矿，在边隅，望伊朗，不出名，却有实。运营数十年，造福万千家。今南矿将尽，北矿兴起，中巴员工，众志成城，展望大资源，延续就业源。虽上有本地政府含糊拖沓或阻滞，旁有安全局势不安动荡至危急，并不能挡住中巴员工同心协力一百天，稳住北矿保生产。放眼未来谋发展，互利共赢，合作共生，相辅相成，共创幸福人生。

（中冶铜锌　王虞骁）

六　扩展性篇

践行“一带一路”倡议　进军柬埔寨市场

要出名的钢筋工大姐

青春有梦　绽放他乡

《钢筋》 黑白木刻　熊文

践行“一带一路”倡议 进军柬埔寨市场

大踏步走向海外，高起点开创未来。

2013 年，习近平总书记在访问中亚和东南亚时，分别提出“建设丝绸之路经济带”和“21 世纪海上丝绸之路”的倡议。作为“一带一路”建设在东南亚的一个重要节点，柬埔寨这个刚刚开始走上工业化，基础设施等各方面条件还很不完善的国家，如同当年中国打开国门时一样的兴奋和期待。柬埔寨的百废待兴，与“一带一路”建设在此时找到了最佳的双赢结合点。

响应“一带一路”倡议，进军柬埔寨市场

2014 年，上海宝冶集团有限公司（简称上海宝冶）积极响应“一带一路”倡议，充分调研“一带一路”市场，适应国际化新形势，加快开辟海外业务新领域，在已有的越南、菲律宾、泰国、科威特等市场基础上，寻求进军柬埔寨市场的机会。

通过营销团队的不懈努力，上海宝冶于 2014 年底成功签约柬埔寨金边 Sky Villa 豪华公寓楼结构工程。这一工程是金边的一个地标性高层建筑，建筑面积 14 万平方米，地上 35 层，建筑高度 140 米；地下 4 层停车场，采用箱型基础，其基坑深度达到 -18 米，被誉为“柬埔寨第一坑”。

在探索中前行，逐步融入柬埔寨市场

Sky Villa 项目的基坑施工难度和危险系数是数一数二的，而正因为经历过这第一个项目的攻坚克难，上海宝冶在柬埔寨站稳了脚跟，树立了品牌，开始加大力量寻求进一步打开柬埔寨市场的机会。2015 年，上海宝冶共参与柬埔寨项目投标报价 18 项，先后承接金边巴厘岛水岸度假村公寓三期结构和水电工程、金边一号住宅区售楼处 EPC 总承包工程。其中，金边一号住宅区售楼处 EPC 总承包工程虽然体量不大，但是由宝冶设计院自行设计完成，施工全部使用柬籍工人，仅用 100 天就完成了项目的设计和施工。这标志着上海宝冶成功地将设计输出海外，开启了海外 EPC 总承包高端发展道路。

优化资源配置，在柬埔寨市场扬帆起航

经历了 2015 年的起步摸索阶段，上海宝冶已完全适应柬埔寨市场。2016 年初，宝冶统筹公司优势资源，成立了国际工程公司，从战略的高度优化资源配置，持续拓展海外区域市场。柬埔寨项目部与国内联动，组建柬埔寨营销团队，加大力量铺开营销网络，全力开发柬埔寨市场。

在一系列动作之后，宝冶柬埔寨的市场开发取得了立竿见影的效果。2016 年春节后，先是中标西港 D’ Seaview 公寓桩基工程，再中标金边巴厘岛水岸公寓三期装修工程。5 月份再添喜讯，连中三元！一周中标金边 Gateway 商住楼总承包工程、马德望海螺水泥厂总承包工程、金边 Sky Villa

豪华公寓机电工程。10 月底再接再厉，签下西港海景苑公寓总承包工程。2016 年上海宝冶柬埔寨营销势头迅猛。

金边 Gateway 商住楼总承包工程由新加坡上市公司长益集团和柬埔寨澳法建设联合开发，是柬埔寨的国门地标建筑，位于金边机场到柬埔寨总理府的俄罗斯大道旁，未来到柬埔寨访问的各国政要都将目睹它的英姿。Gateway 项目建筑面积 11.5 万平方米，8 层裙楼之上有两栋办公和住宅塔楼，最高 35 层，建筑高度 151 米。该项目包含桩基、结构、机电、装修、外部工程等全部建筑工程，是上海宝冶在海外的第一个全专业房建施工总承包项目，具有划时代意义。

项目与市场两翼齐飞，勇创佳绩

总承包项目的承揽，进一步扩大了上海宝冶在柬埔寨建筑市场的影响力，对柬埔寨后续市场开拓起到了很好的示范作用。同时，上海宝冶在柬埔寨的各个在建项目进展顺利，柬埔寨管理团队具有扎实的施工技术实力、高效的项目管理水平，确保各个项目质量、安全、工期管理受控，对分包商、供应商付款及时，为上海宝冶在柬埔寨市场赢得了良好的口碑。上海宝冶柬埔寨市场与项目形成了良性循环，互相促进，做到了可持续发展。

快速推进属地化，深耕细作谋未来

上海宝冶在海外项目管理水平全面提升的基础上，注重驻外人员的培养，并从公司属地化、人员属地化、资源属地化三个层面推进属地化工作，提高了海外项目团队的整体实力，增强了在柬埔寨的竞争实力。

合则兴，创则盛。作为上海宝冶目前最重要的海外市场区域之一，海上丝绸之路的重要一站，柬埔寨的市场开发工作是宝冶在“四五”期间海外发展的重要一环。上海宝冶合创之道鼓舞着宝冶人在柬埔寨落地生根、开花结果。上海宝冶国际化发展道路已踏上征程，我们是宝冶“四五”规划的海外发展的实践者，我们是宝冶“一带一路”征途上的耕作者，我们是“宝冶国际”品牌的创立者！

（上海宝冶　徐　垚）

要出名的钢筋工大姐

吃苦耐劳多纯朴，谁说女子不如男。

成都二十中学改扩建工程施工现场。镜头里出现了一个女钢筋工的身影，中年微胖，安全帽下是一张黝黑的脸庞，大大的眼睛不时地看着我的摄像机，嘴角挂着微笑，手里的活却一直没有放松。

趁着她休息的间隙，我好奇地问："大姐，看你一直在笑啊，每天这么繁重的工作，怎么做起来这么开心啊?"

"想着赚到的红票票，心里就高兴啊!"大姐说着一口四川方言，抹一抹头上的汗珠，又接着说道："跟着这样的大企业干活，能按时拿到工资，干起活来舒服、放心，心里踏实啊!"说完，她麻利地拿起一根钢筋，随

口又补上一句："我们都很能吃苦的，之前也在其他小公司干过，他们管理混乱，工资也不按时给，干起活来哪有力气？现在不一样啦，别看我们是女人，干起活来一点儿都不比男人差呢！孩子的学费都有保障啦！"大姐边走还边问我："我这是不是就算接受采访啦？我是不是要上电视啦？那我可就要出名啦！"接着，传来了大姐一阵爽朗的笑声。

这位女钢筋工的笑脸和笑声，在采访之后的很长一段时间内都萦绕在我的脑海里，尤其是她质朴的话语，更是触动了我的内心。高耸入云的塔吊，标识规范的施工现场，随风飘扬的MCC旗帜，这是每一项中冶工程的标配。而一句农民工真情流露的话语，一张充满自信的笑脸，一份殷切朴实的希望，又为这一项项工程增添了格外迷人的光彩，让每一个中冶人的心中充满了骄傲和自豪。

中国二冶集团有限公司（简称中国二冶）成都二十中学改扩建工程是中国二冶在西南地区的首个工程，也是树形象创品牌的重点工程。顺着金牛区茶店子横街一路走向施工现场，500多米的施工外围墙上中冶文化与中国二冶简介、项目管理体系、业务体系、企业资质和业绩等内容互相交替，同时融入了社会主义核心价值观和项目效果图，墙头上覆盖着棕红色的琉璃瓦，整个围墙既规范整齐，又古朴典雅，达到了成都古城风韵、新

二十中学民国风格和中国二冶企业文化的完美结合，充分展现了中国二冶作为央企的社会责任，成为成都街头一道独特而又靓丽的风景，常常引得路人驻足观看。

凭借严抓细管的施工管理和精益求精的工程质量，二冶人用心诠释着“聚焦中冶主业、建设美好中冶”的深刻内涵，用精品工程铸就中冶品牌，让一个充满独特魅力的中国二冶在天府之国荣耀绽放！

（中国二冶　于超群）

青春有梦　绽放他乡

中巴友谊的桥梁和纽带，中冶伟业的希望和未来。

他乡，是一个含义深长的词语，它意味着离别、漂泊，但更是代表着坚守和奋进。在每一个海外项目上，青年员工不仅是发展的后劲和动力，更是交流的桥梁和纽带。在中冶集团铜锌有限公司（简称中冶铜锌）巴基斯坦山达克项目扎根当地发展的10多年里，项目的青年员工们始终把“做坚守海外奉献的一颗螺丝钉、做照亮中巴友谊光辉的一束阳光”作为精神指引和行动指南，为他乡照亮梦想之光。

在项目所处的山达克地区，当地的教育资源和当地贫瘠的自然条件一样，十分匮乏。由于当地经济落后，学龄儿童入学率非常低，适龄儿童或无所事事，或远走他乡谋求生计。为了解决项目周边学龄儿童的就学问题，项目部经营了一所学校，让附近村民的孩子免费接受教育，目前学校共有师生600余人。为了给孩子们打开一扇了解山外世界的新窗户，项目的青年们坚持在学校开办中文培训班，并于每周五，由3~4名青年员工志愿者组成的教师团队进行授课。这一举措不仅加强了师生们对中国文化的了解和热爱，还深化了彼此之间的友谊。通过学校师生的口口相传，得到当地居民的一致赞赏，深化了当地居民对项目的认同和理解，也为“MCC”这一品牌标识融入“爱与友谊、携手发展”的新注解。

项目青年员工在当地学校开办中文培训班得到市央电视台、《人民日报》等中国驻巴媒体的认可，他们曾多次赶到现场对中文培训班进行采访报道。

项目的青年员工集体作为一支富有朝气的生力军，他们开展的各项活动一直围绕公司的发展大局。在培训教育方面，青年员工们利用自身语言优势，加强与项目巴方员工的沟通交流，了解巴方员工的需求，协助公司做好巴方员工技能知识的培训工作；在开展工作方面，他们注重加强自身

的学习进步，并尽自己所能向巴方员工传授技能与技术，贯彻落实好公司各项规章制度；在日常生活方面，他们注重互相学习、互助互进，帮助青年员工更好地融入公司；在企业文化建设方面，他们积极协助公司新闻中心开展相关工作，为公司在巴树立良好的品牌形象作出贡献。

（中冶铜锌　王希龙）

七　差异化篇

西非记事

魏主席的准点生日祝福

特色赢得市场　品牌带动发展

《网织》 黑白木刻 齐兵

西非记事

一场没有硝烟的战役，一支战无不胜的铁军。

2014 年 7 月，西非成为媒体关注的热点，这源于当地爆发的一种叫“埃博拉”的瘟疫，这种传染病死亡率高、尚无有效治疗手段。瘟疫爆发期间中国二十冶集团有限公司（简称中国二十冶）电装分公司电气一处的李利彬班组 15 个人正在尼日利亚的拉各斯市 30 万吨高线工程施工，他们克服高温潮湿、设备拖期、材料短缺等困难，没有一个人动摇提出回国，在两级项目部及分公司的关怀下圆满完成电气安装工作。他们践行了“选择二十冶就是选择放心”的责任理念和电装分公司“选择电装实现放心”的企业理念。

拉各斯市是尼日利亚旧都和最大港口城市，常年高温35℃以上。蚊虫肆虐给班组人员带来很大的“折磨”，班组每个人一天都要被叮上几十处，驱蚊水不起作用。天井照明施工作业区密不透风，闷热难挡，这也成为施工中最艰苦的一项工程。班组里的共产党员岳贵元和分公司首届劳模徐永刚主动请缨，接下了这项艰苦的任务。

天井离地面25米，平台上没有设计防护围栏，这更给施工增加了难度和危险。施工材料中没有线槽、灯架，岳贵元、徐永刚不等不靠，主动想办法用方钢加工制作线槽800多米，用角铁加工灯架160余套，每天以爬梯的方式将这些材料人工搬运上去进行施工安装，一天下来人就像刚从水中捞出来一样。两人就这样坚持近半个月，160余套灯具安全、可靠地完成安装。

班组中最年长的两位师傅是胡永刚和李福堂，老师傅的工作态度更是不输年轻人。电气室夹层施工作业面离地10多米，密不透风，胡师傅负责制作桥架，李师傅负责安装焊接。桥架两米一根，每根约15千克重，由于不具备行车吊运条件，50多岁的两位师傅就人工搬运。他们有时加班到晚上九十点钟，但却从未叫苦叫累，通过近1个月的努力，600余米主线桥架按工期安装到位，给年轻人树立了榜样。

好兵离不开良将，班长李利彬正是这个优秀班组的领头人。由于没有蓝图，施工期间会涉及很多变更，李利彬就提前跑现场作施工预案。由于没有专门的材料员，他凭经验提前领料作好施工计划，尽全力做到施工的优质、高效。他提出的做到“我们可以等‘活’，但不能让‘活’等我们”的工作理念传达给班组的每一个组员。“腿勤、手勤、脑勤”最大限度地避免了与其他兄弟单位的工作冲突，在他的带领下，提前一星期保障了6月8日高压送电，提前一星期保障了6月15日变压器送电，提前半个月完成加热炉施工……

施工期间，班组人员大多水土不服，身上起了“疙瘩”。当地医疗条件落后，药品短缺，当一个人生了病，其他班组和项目人员都会主动把自己从国内带去的为数不多的常用的药给生病同事使用。

2014年7月中旬，项目部收到当地“埃博拉”疫情流行的信息，也接到公司发来的文件，要求做好防控工作。项目部第一时间为大家发放了口罩、消毒液，并限制人员外出，避免与当地人的接触……班组15个人没有一人动摇，仍然每天正常工作。共产党员岳贵元和另一名骨干王金东直到9月下旬完成所有安装工作撤回上海本部时，还开玩笑地说：我们战胜了“埃博拉”！

如今中国二十冶在尼日利亚拉各斯市的故事已留在记忆中，胡永刚、李福堂也光荣退休，岳贵元、李利彬由于工作表现突出都走上了管理岗位，李利彬多次被评为先进。他们也都把在一线勤恳工作、扎实奉献的精神带到了新岗位，继续践行着“选择中国二十冶就是选择放心”的企业理念，继续为中冶集团“冶金建设国家队”的战略定位辛勤付出着。

（中国二十冶　董雪松）

魏主席的准点生日祝福

点滴关爱，汇成大爱；凝心聚力，洪荒之力。

5年前，研究生毕业的我，带着对社会认知的懵懂，离开了家乡，来到了武汉，走进了中冶集团武汉勘察研究院有限公司（简称中冶武勘）这个大家庭。经过短暂的入职培训，我便被分配到了湛江测绘项目部工作。

测绘工作是繁重的，一张简单的手簿，一次基座的架设，里面都有大学问；测绘工作也是辛苦的，大部分工作时间都在野外。七八月份，湛江的天气尤为炎热，我们经常扛着测量仪器，头顶烈日，穿梭在野地、山石之间，每天一走就是10千米，工作服湿了干、干了又湿，鞋子被磨破了，脚上的水泡也磨破了，结成了厚厚的老茧。夜晚躺在床上，总是无法入睡，心里充满无尽的悲凉，我甚至开始怀疑自己的选择是对还是错……

有一天，我拖着疲倦的身体从野外测图归来，机械地掏出手机查看信息，我看到了这样一条短信："凡月，生日快乐！"这是我们测绘公司支会主席魏国发来的。我有些不敢相信自己的眼睛，又认真地读了一遍，没错，确实是魏主席发来的生日祝福，是发给我的，今天确实是我的生日！我太激动了，那一刻我瞬间满血复活，全身的疲惫也一扫而空。更让我惊喜的是，回到项目部，迎接我的是一个大大的生日蛋糕，还有一顿丰盛的大餐。项目部的兄弟们纷纷为我送来了生日祝福，一句句简单的问候，都让我倍感温暖，让我觉得好幸福，瞬间就驱散了之前心中的阴霾，让我有一种回家的感觉。

那一天，又是一个不眠之夜。我盯着魏主席的短信，一遍一遍地读着"凡月，生日快乐！"好亲切，我感觉到自己对工作的斗志又被激发了。接下来的每一年，我都会收到魏主席准点发来的祝福短信，甚至比我的家人还要准时。每一年，我都会把这条短信小心保存，至今已经保存 5 条了。它们让我感受到了公司对每一个员工如家人般的爱，也让我更加坚定了理想信念，让我更加有信心地带着梦想继续前行！

（中冶武勘　李凡月）

特色赢得市场　品牌带动发展

专业医疗，高手领衔；专家会诊，妙手回春。

中冶医院特色分院之一的富锦路分院（手足外科分院），1999 年重组后，原为铁力路门诊，接诊常见病、多发病。当时周边为宝钢厂区及农田，病源稀少、发展空间小，工厂外伤病情较多。针对这种情况，在分析全面医疗市场的基础上，考虑将其设为专治外伤的专科，因为外伤合并多发伤的危重病人必须到有一定综合实力的综合医院救治，于是确立为以创伤手外科为主的显微手外科。2003 年，组建专科医疗团队发展至今。显微手外科带头人苏波，医学博士，擅长手外伤治疗，在断指再植、拇手指再造方面颇有造诣，擅长烧烫伤的基础研究和临床治疗。他在学术领域的重要兼职有：中华医学会上海市烧伤外科专业委员会委员、上海市烧伤科临床质控中心专家委员会委员。学科建设和特色培育主要集中在创伤手外科，拇手指离断再植、拇手指缺损全形再造、拇手指部分缺损微型瓣修饰性再造、穿支皮瓣在手外伤中的应用等精细手术领域。在已完成的 7000 余例次手术中，成功治疗复杂断指再植 1000 余例；修饰性拇手指再造 70 余例，其中 9 例为多指再造；以及各种穿支皮瓣游离移植修复手足外伤。据有关资料显示，分院开展的手术例数和成功率在宝山区域内名列前茅。

2008 年 12 月，为一仅 18 个月的幼儿进行 3 指中末节完全离断再植手术成功。该患儿被剪板机压伤左手，至食指、无名指、小指当即离断。被送至富锦路分院后，苏波院长召集手外科医生组进行会诊，即以“桥接”自身静脉修复损伤动脉方式，实施再植手术，整个手术耗时 7 个小时，非常成功。经过精心护理，患儿在术后第 8 天顺利下床，3 个再植手指完全成活，伤口愈合良好。该成功病例在宝山区是先例，在上海市也是首屈一指，吸引多家媒体进行报道。

为圆青年戴婚戒之梦，成功实施断指再造。患者陈某，27 岁，左手意外遭重物压制，手指被压断，考虑无名指功能性不强，分院准备行截指手术。而患者希望在次年婚礼上戴上婚戒，坚持接受截足趾接手指手术。科室经过讨论制定方案，为其截取左足第二足趾接到左无名指末端。虽然手术风险较大，再造成活率相对较低，但经过 6 个小时紧张手术，最终取得成功，1 个月后患者左手功能逐渐恢复，患者满意并深表感谢。该病例也受到社会关注，宝山电视台《周日播报》节目曾进行专题报道。

（中冶医院　韩　茜）

后 记

《中冶品牌故事》从酝酿到结集出版，历时十年。

这是中冶品牌内涵不断丰富的十年。新中国冶金建设事业的历史可以追溯到70年前的1948年10月，在东北全境解放后，中国共产党领导下的冶金建设队伍开始投身于鞍钢的修复。鞍钢后来成为新中国冶金工业的摇篮。而作为冶金建设“国家队”的国有特大型企业中冶集团，直到2000年才真正形成。相较于中冶人的历史，中冶品牌的历史尚显稚嫩。

随着2007年《关于进一步加强中冶品牌建设的决定》等一系列品牌、企业文化管理制度和措施的施行，中冶品牌作为统一的旗帜，将分散在天南海北、各具传统和企业文化特色的冶建大军凝聚起来。十年来，中冶品牌被嵌入到从规划、勘察、设计、施工到装备制造、服务运营的冶金建设全产业链，并且通过持续不断的革新创新，形成了冶金领域独占鳌头的技术优势，成为引领中国钢铁走向更广阔舞台和更高发展水平的行业翘楚。十年来，中冶品牌逐渐形成以四梁八柱业务体系为支撑的品牌体系，品牌形象越来越丰满，品牌内涵越来越丰富。

这是中冶品牌被举高、擦亮的十年。2008年，中冶集团首次跻身“世界企业500强”，品牌影响力获得巨大提升。2009年，中冶集团旗下优质资产以“中国中冶”名称同时在上海和香港整体上市，成为资本市场弄潮儿，品牌的受关注度再上层楼。广大中冶人为中冶品牌所取得的成就感到自豪和鼓舞，也更加珍惜和呵护这一品牌的内在价值。我们欣喜地看到，集团旗下各企业在保有自身特质的同时，把“中国中冶”统一品牌举高、擦亮的行动越来越自觉。

这是中冶人学习讲述品牌故事的十年。培育出“一天也不耽误，一天也不懈怠”企业精神的中冶人，朴实无华、任劳任怨，把心血和汗水全部倾注在劳动中，却拙于讲述自己的故事、羞于夸耀自己的功绩。我们深深地感到，在“育化为上”的企业管理中，想把企业文化植入员工心田，化为员工的自觉行动，需要学会讲述品牌故事；在竞争激烈的市场环境下，想让客户知道你、了解你、认同你、赞赏你，需要学会传播品牌故事。怀揣建设美好中冶的强烈愿景，叱咤冶金建设领域几十年，习惯于以钢铁为伴、与焊花为伍的中冶人开始了讲述品牌故事的蹒跚学步。于是，我们有了这本可以触摸到中冶人脉博、感受到中冶人温度的《中冶品牌故事》。

这135篇品牌故事，篇幅虽然短小，记述的也多是平凡事迹，但却塑造出了有血有肉的中冶人形象，故事中的一点一滴将中冶品牌所包含的忠诚、敬业、专业、专注、效率、品质、责任、奉献、担当、奋进、开拓、创新、荣誉，等等厚重的内在价值呈现给读者和公众。

感谢这些故事的作者们。本书的作者均是中冶集团职工，其中不乏基层科研设计、施工生产一线的管理者、技术人员和工人。正是他们用善于发现的眼睛把日常工作中有品牌价值的片断发掘出来，才使得我们有机会一览这些鲜活、真实、平凡而感人的故事。有了这第一本故事集，我们对汇集出版更好的第二本充满了信心。

感谢我们的职工艺术家。程建强的篆刻和书法题字，沈有福、傅树清、陈明、杨汉林、黄亚骏、熊文、齐兵等人的黑白木刻，将中冶企业文化作了高水平的艺术呈现。

感谢中国经济出版社的大力支持。汪京、李祥柱、肖春华、刘金龙、闫丽、陈利军等人以他们对中央企业特有的责任与关注，承担起本书的编辑出版工作，不但在选题策划过程中提出了很好的建议，还投入巨大的精力对书稿加以润色。他们敬业、专业的职业素养令人钦佩。

最后，我们怀着最真挚的感情，将此书献给新中国冶金建设事业70周年、献给伟大的改革开放事业40周年、献给“一带一路”倡议提出5周年。

中国冶金科工股份有限公司企业文化部
2018年10月